推薦序

令人醍醐灌頂的另類影評

台灣資深電影監製　葉如芬

參與電影工作多年，平常時，我喜歡看世界上各個國家的類型電影，也喜歡看相關的電影書籍，這是一種對照，所以一直也希望更多的普羅大眾能夠在愛好欣賞電影之餘，找到相關的書籍，憑藉文字閱讀來更容易理解電影存在的美好。

這本看似硬梆梆的書名《電影與政治》跟前一本《電影與國際關係》相同，外表冷硬不討喜，但文字閱讀起來卻是讓人津津有味，讓偷懶的我可以更了解原來相關政治現象題材的電影，其背後所賦予的意義。

兩位作者來自於學校及立法院背景，在學術與工作生活中，因愛好看電影，從影像題材中尋找政治現象的關聯來分析剖訴，成爲另一種影評，甚至藉由故事來對照解析，讓讀者們更親近我們無法逃避的社會現狀。

坦白說，我對政治其實無感，因爲沒辦法有心力去了解，光是認眞做好自己的專業工作，製作電影就已經忙碌不堪，但對於從電影故事裡學習到各個國家政治發展的知識、常識，繼而能學習理解各國的歷史脈絡、社會制度、文化背景的差異等等，享受看完電影之餘又有書來導讀，如醍醐灌頂，其實還是蠻棒的。

礙於台灣電影產業實際現況，這種電影製作產生並不容易，若要說起社會人權相關，看來作者所選出的台灣電影最靠近現代的也只有二〇〇九年的「不能沒有你」，九年都過去了，我們還是沒有太多類似關於這樣的電影創造出，也許因爲大環境及預算的問題，也許因爲現在繽紛熱鬧的電影市場不容於冷僻的故事，但還是很期待多元化類型的電影多開創。作者說政治是現代生活非常重要的內涵，那麼好看的電影及好看的書也當如是！

推薦序

政治電影的外在價值

立法委員 管碧玲

在我脫離白手起家的辛苦歲月之前，電影是我的奢侈品。小時候，豐原戲院、光華戲院到後來的玉山戲院，是每天都會聽到的名詞。站在騎樓聽宣傳車吹牛、蹲在巨大的看板前，看師父畫劇照的耍帥，架構了我孩提時期很嚮往卻遙不可及的電影世界。尤其是電影散場前十分鐘，放我們小孩子進去戲院「聞香」（台語）的美好回憶，可能都是我熱愛電影的基因。

一旦有線電視引進電影台系列，我就成爲大量看電影的夜貓族了。我熱愛電影，從好萊塢到獨立製片，我看過的電影遍及先進國家、第三世界，包括非洲國家的出品，我因此看到：好電影的關鍵，在劇本而不在資本，然後，我回頭對台灣電影劇本缺乏的現狀，憂心忡忡，並曾經對金馬獎發言惹禍。我創辦「打狗文學獎」，並開辦「高雄電影節」和創辦電影競賽平台的「南方影展」，設立「高雄電影圖書館」（現改名爲高雄電影館），到修改《電影法》……一心想讓文學與電影發達起來的這個夢想，現在也可以說還是長路漫漫。在台灣，知識分子、作家、文學家、藝術家……等投入振興台灣電影的氛圍仍然薄弱，政府政策也不算到位，我常常在這個課題上，感到孤獨無助。

這種心境下，看到陳牧民教授和陳鳳瑜主任合作的第二本書《電影與政治》，發現他們比我更熱愛電影，更關心電影詮釋人類社會現象的「外在價值」，而且這麼有系統地做電影導讀，又寫得這麼好，我十分驚喜。

本書選擇的十七部電影，橫跨八個國家，除了電影藝術本身的「內在價值」之外，這些電影包含了對人權運動、白色恐怖、民主政治、影響歷史的政治事件與人物、政治權謀、邪惡鬥爭、政治選擇……等種種政治現象的詮釋。作者對劇情的描寫，不但提綱挈領，更可以細膩豐富到，讓電影情節充分完整而生動的呈現給讀者，讓讀者如同看完一部電影。這對愛好電影，又無法看完這些電影的讀者而言，可以透過這本書「一天看完十七部電影」，無寧是一大享受。

作者透過導讀，將電影劇作涉及的政治史、政治制度、政治生態與行爲，一一做深入剖析，展現其廣博的知識與學術的素養，尤其能對國際電影圈，舉凡導演、演員、編劇與技術，都有廣泛的認識與了解，觸類旁通的程度，增添許多閱讀的樂趣。電影迷透過本書，可以體驗一種看電影的方法，成爲更知性的影迷。讀完本書，也幾乎像是看電影修學分，修完了一門精彩的政治學。

本書把政治電影選取集中做深入的閱覽，從中我們看到：每一個國家的電影界，都會對國家政治史中重要的故事，一而再、再而三地創作電影藝術，提供人民可以不斷以電影這個最平易近人的媒介，對自己國家的歷史，去記憶、去沉澱，像進行儀式一樣的去巡禮。韓國電影之於光州事件、釜林事件，以及慰安婦議題；德國電影之於納粹屠殺；美國電影之於金恩；南非電影之於曼德拉……等，電影圈不會停止創作！電影界要讓一代又一代，沒有經歷過電影故事那段歷史的人民，隨著電影一起流淚、一起歡笑，一起了解電影故事訴說的先人，讓人們知道，先人曾經這麼痛苦過，而不同立場的各方都有理由。「正義辯護人」控訴的對象，是裡面的白色恐怖爪牙，「漢娜鄂蘭」則爲殘暴的爪牙尋找異於常人的理論，控訴的對象已經不是個人！電影圈每一個導演都有他的視角，當他們多元並陳，人們在電影的美與震撼中，學習互相體諒，電影成爲一種橋樑，讓人們不會互相敵視。這是一個集體記憶沉澱的過程，而沉澱的，可能就是一種和平。

本書選取一系列政治電影做導讀，讓我們看到全球電影圈，在自己的國家，都有以電影創造民族集體記憶的企圖。政治電影為我們的先人，在追求國族的生存發展、民主政治的實現、人民的自由平等、政治的清明、司法的獨立、媒體的責任……所做的奮鬥，不斷做記錄，不斷詮釋，也不斷批判，政治電影因此成為型塑人民集體記憶，強而有力的一股力量。我曾經說過：「沒有電影就沒有民族」。作者也認為：「台灣如果能有更多相關題材的電影創作，相信更能讓社會各界正視過去的歷史，這才是轉型正義的真正實踐」，對此，我深有同感。

陳牧民教授是政治學者，陳鳳瑜主任專研文化政策，夫妻二人共同熱愛電影，本書已經是他們導讀電影的第二本佳作，我十分欣賞喜愛，很榮幸可以寫序推薦給大家。

前言

電影與政治：從影像世界來窺看人類社會最複雜的現象

政治是人類社會發展過程中非常重要、也是最複雜的現象，可說是廣泛影響當代人類生活的各種公共事務總稱。但在不同時期或不同文明，人們對政治的定義往往不盡相同。古希臘人認為，政治是城邦中彼此地位完全平等的公民，參與管理公共事務的過程，甚至認為政治生活的目的在展現人的德行。古代中國的政治則限定在君主與大臣等極少數菁英們管理國家的行為。從中世紀到近代歐洲，政治有時被認為是人們奪取、保持與展現權力的各類活動；到了現代，政治活動則建立在國家（state）與人民（people）之間相互影響的基礎上，包括體制（政治制度）、運作過程（政治行為）、思想概念（意識形態與政治文化）等都包含在內，作為研究學門的「政治學」（political science）也因此而出現。

和上一本書《電影與國際關係》比起來，要撰寫一本以政治為主題的電影書顯然更為困難，不僅僅是因為政治涉及範圍太廣，而且並非所有政治主題的電影都是好電影。此外，如純粹從政治學理論的角度來選擇，可能也很難選到合適的作品。因此，我們在撰寫這本書的時候，比較從「政治現象」的角度來篩選可以討論的電影。

在所有政治體制中，民主被廣泛認爲是最好的體制，但是即使如美國這樣的老牌民主國家，其政治運作過程也充滿各種權謀算計，「選戰風雲」談的正是美國總統初選制度，看總統候選人與其幕僚如何藉由抹黑、利益交換、鬥爭來得到政治利益，是觀察民主黑暗面的絕佳作品。以《華盛頓郵報》記者挖掘水門事件爲背景的經典電影「大陰謀」，揭露了尼克森總統時代政治運作的醜陋內幕，藉由抽絲剝繭的方式，揪出世紀政治醜聞最後的藏鏡人，也奠定了媒體行使第四權監督政府的合法性。另一方面，政治人物如何在壓力下做出最好選擇，讓民意支持度止跌回升，「黛妃與女皇」這部電影描述了英國首相布萊爾如何在黛安娜王妃過世後與王室折衝，有效化解執政危機，是一部學習政治人物如何進行危機處理的佳片。

不同的政治制度型塑出不同的生活方式，在課堂與教科書中所學到的，往往只是制度與理論，但是在這些制度之下的生活又是什麼樣子？我們針對這個主題選了三部作品：冷戰時期蘇聯、東歐等共產制度雖然已經不復存在，但是對於社會人心的影響仍然存在，「再見列寧」這部描寫德國統一前後社會變化的作品，具體而微地描繪出德東地區居民的懷「共」

情結。大陸電影「活著」也藉由小老百姓的生活來諷刺一九四九年之後，中國各類政治運動的荒謬。印度喜劇電影「傻瓜大哥再出擊」用詼諧的方式，展現出甘地和平非暴力的精神原貌，以及今日印度社會如何背棄甘地信條的荒謬。

對於許多從威權走向民主的社會而言，如何正視過去的錯誤，實現轉型正義一直是政治辯論的主要課題，也是社會能否走向眞正和解的重要關鍵。在台灣，「悲情城市」這部電影的推出，打破台灣社會過去對二二八事件的禁忌，成爲台灣後來走向民主與本土化的催化劑。同樣地，韓國電影「正義辯護人」以稅務律師爲了替朋友之子辯護，挺身對抗軍事威權體制爲題材，讓人體會到當年威權體制對人權的蹂躪慘況。「打不倒的勇者」以南非總統曼德拉就職後，致力於族群和解的眞實故事爲題材，讓人看到轉型正義與和解共生的密切關係，也是了解曼德拉之所以偉大的溫馨故事。

當代人類歷史發展最大的進步，就是人權概念推展的實現，但是人權並非從天而降，而是必須靠爭取而來，「女權之聲：無懼年代」描述二十世紀初英國婦女參政運動者如何以激進手段爭取投票權；「吹動大麥的風」則以一九二〇年代愛爾蘭獨立運動爲題材，講述革命同志之間對於如何達到民族獨立，發展出不同的立場，甚至爲了運動而處死同袍。兩部電影雖然都以悲劇收場，但正是這些人的犧牲，才換來今日的權利與平等。台灣得獎電影「不能沒有你」說明了制度如何將官僚變成戕害人權的機器。雖然只是虛構的故事，但卻是從制度面探討行政制度的缺陷，也是另一種理解人權的好作品。

政治生活的變化源自於思想的改變，過去被視爲理所當然的制度，如種族隔離、殖民主義等，今天都已經被摒棄，「梅岡城故事」這部取材於同名經典文學作品的電影，講述美國黑人平權運動出現之前，南方保守社會的面貌，並以黑人冤獄爲題材，呈現「族群偏見」造成的可怕影響。另一部經典電影，日本名導演黑澤明在一九四六年出品的「我對青春無悔」，以二次大戰期間日本軍國主義迫害反戰異議人士爲背景，讓我們理解日本人的自省能力與戰後思維。同樣地，德國電影「惡魔教室」描寫老師在課堂上進行教學實驗，結果差點創造出類似納粹極權組織的團體，讓人不禁懷疑人類的行爲是否全然基於理性？美籍猶太裔政治思想家漢娜鄂蘭評論納粹戰犯受審的故事「漢娜鄂蘭：眞理無懼」進一步探討納粹之惡的成因。雖然題材嚴肅，但是觀衆可從電影中看到二次戰後，西方知識界審視納粹這個歷史之惡的辯論過程，每句對白都値得細細品味。

過去政治學理論很少被拿來當電影題材，但兩年前美國出品，以冷戰時期美蘇祕密談判換俘爲背景的電影「間諜橋」講述的是政治運作中敵對雙方如何談判、折衝的技巧，很適合拿來作爲解釋「賽局理論」的運作情況。

此次所選的十七部電影來自台灣、中國大陸、韓國、日本、南非、美國、德國、英國等等，雖然仍有遺珠之憾，但已經非常努力地呈現出全球各地政治主題電影的全貌。我們希望藉由這些電影的解讀，讓讀者不再認爲政治只是冷冰冰的學術語言，或是赤裸裸的權力運作。政治是現代生活非常重要的內涵，看懂政治，就讓我們從電影開始。

目次

1

美國初選制度背後的政治謀略厚黑學
——選戰風雲（*The Ides of March*）

你想當總統？你可以開戰，可以說謊、作弊、讓國家破產，就是不能搞上實習生。

美國／英語
二〇一一年出品

導演：喬治・克隆尼（George Clooney）
編劇：喬治・克隆尼（George Clooney）、葛蘭・海斯洛夫（Grant Heslov）、波・威利蒙（Beau Willimon）
來源：IMDB電影網站http://www.imdb.com/title/tt1124035/mediaviewer/rm858504960

美國總統初選：想看又看不懂政治遊戲

美國作爲全世界數一數二的民主國家，最重要的政治大戲莫過於每四年一次的總統大選。在這場舉世矚目的選戰中，誰獲得提名，就等於拿到未來入主白宮的門票。不過要獲得政黨提名並非易事，得經過重重初選、過關斬將，最後只有一位能夠代表民主或共和黨角逐大位。而美國的總統初選制度卻又獨樹一幟，在全世界幾乎沒有一個國家像美國這樣，搞出如此複雜又冗長的黨內提名制度。對外人來說，看美國初選簡直是霧裡看花，不得其門而入；但對熱衷美國政治的人而言，初選的過程充滿各種政治謀略與權力鬥爭，高潮迭起也精彩萬分。「選戰風雲」這部電影的背景就是美國總統的初選過程。

片名「三月十五日」的由來

「選戰風雲」英文片名The Ides of March，如果直譯就是「三月十五日」。英文的ides一字，是指古羅馬曆中三月、五月、七月與十月的第十五日，同時也是其餘各月份的第十三日。會以三月十五日作爲片名，除了是電影中設定的民主黨俄亥俄州總統初選投票日就是三月十五日；另一層喻意是，三月十五日也是羅馬凱撒大帝（Julius Caesar）被暗殺的日期，莎士比亞（William Shakespeare）著作《凱撒大帝》（*Julius Caesar*），就曾出現過"Beware the Ides of March"（小心三月十五日）句子，用來警告凱撒大帝的死期，因爲那天就是凱撒被元老院成員集體背叛刺殺的日子。英文片名採用古羅馬字ides來取代15^{th}，一語雙關的用心不言可喻。不知台灣的片商是否知道這層寓意，還是覺得「選戰風雲」更具賣點與氣勢？中國翻譯成「總統殺局」，雖較直白，但反而更貼近原片名意義與電影內容，即「選舉不但是候選人的殊死角力戰，也是考驗忠誠的大陷阱。」

本片改編自好萊塢著名編劇波・威利蒙（Beau Willimon）於二〇〇八年創作之舞台劇「法拉格北站」（Farragut North），是作者根據他在二〇〇四年擔任民主黨總統候選人霍華德・迪安（Howard Dean）新聞祕書的經驗撰寫而成，而「法拉格北站」是華盛頓特區的捷運站名，此站附近充斥著政治公關公司，因此在電影中，有幾段提到這些競選幕僚未來的出路——如果勝選，就進入白宮；敗選就回到「法拉格北站」，就是這個緣故。除了舞台劇，波・威利蒙最廣爲人知的作品是近年來熱門的美國影集「紙牌屋」（House of Cards）。「紙牌屋」跟「法拉格北站」一樣，是政治類型的影片，都是關於總統大位的爭奪、政治醜聞與政媒交鋒，由於內容深刻逼眞，加上資深演員凱文・史貝西（Kevin Spacey）精彩演繹，一推出即獲獎連連，不但風靡美國，在台灣也引發收視熱潮。

政治手段舉世皆然

對照美國的大選，除了造勢活動的形式因為選舉規模與民情風俗的不同，與台灣略有差異外，在選戰策略與媒體的操作邏輯上，台灣與美國頗為類似。候選人為求勝選只講討好選民的政策，或是為達到某一目的，利用媒體放話、阻撓對手……等。例如，在電影中，候選人告訴選民如何對抗恐怖主義？竟然簡單的化約為「不用石油」，候選人告訴選民「不用石油，他們就會滾蛋」，一般認為恐怖主義來自中東，中東是世界主要產油國，因此政客就以這種粗暴的邏輯告訴選民，不買油，恐怖分子就沒有錢，自然買不了武器。選舉語言很強烈，但是如何達成，以及會對產業造成什麼影響卻不說清楚！還有為了阻擋對手的造勢活動，不管自己有沒有需要，惡意壟斷遊覽車，就只為了讓對手調不到車載支持者到造勢會場。競選手段卑劣，只要能阻礙對手，無所不用其極！

「選戰風雲」背景設定在美國民主黨在俄亥俄州的總統初選，劇中男主角史帝芬・梅耶斯（Stephen Meyers）是候選人麥克・莫里斯（Mike Morris，在劇中也是俄亥俄州長）的競選幕僚，是競選團隊的第二把手。他的上面除了候選人麥克・莫里斯外，還有總幹事保羅・扎拉（Paul Zara），實際上史帝芬是保羅拉進競選團隊的，因此他眞正的老闆應該算是保羅。這裡要特別說明的是在競選組織中，通常分成兩組人馬，一種是候選人本身培養的幕僚，算是國王的人馬，這些人是候選人在當議員或州長就擔任助理，將來一旦候選人當選總統後，也跟著進入決策體系，或安排至其他公部門；而另一種就是在選舉時臨時招募進來的公關顧問，他們的主要功能就是幫忙打選戰，選完後離開。當然有些獲得賞識，可以繼續留在候選人身邊加官晉爵。而本片主角史帝芬與保羅顯然都是職業政治公關，他們的工作就是幫人打選戰，戰績越好，影響力也越大，日後回到法拉格北站的競選公關公司，都是炙手可熱，坐享高薪。

初選如何進行

美國初選（primary election）是指各政黨爲推出總統候選人前，在黨內舉行的選舉。通常候選人在一月開始就要到各州競選，一直選到六月底才大致抵定。

初選的方式有兩種：一是個人投票（open election），也就是我們熟悉的那種進入投票所，以不記名的方式投下選票；另一種是黨團會議（caucus），在黨員會議上公開推舉候選人。至於採取哪種方式，各黨各州的規定並不相同。在個人投票的方式上，各州法律規定也不相同，例如，選民的認定分爲「封閉性」與「開放性」兩大類。所謂封閉性投票，指的是必須註冊爲黨員，才可參與投票，非同一政黨或無黨者，不得參與；而開放性投票即任何人都可參與投票，不受政黨的限制。少數州還有其他的規定，例如，本片所設定的背景俄亥俄州，只要選民表示上回已經支持某政黨，或是這回將要投某政黨，這次就可以獲得該政黨的投票資格。

除了選民的資格認定，兩大黨對於黨代表的配票方式也有不同，因爲美國總統選舉是採黨代表制，由人民選出黨代表，再由黨代表投票給總統候選人，每個州人口不同，因此黨代表的人數也不同，而共和黨通常採取贏者全拿（winner-takes-all），只要贏得過半黨代表票，就可拿到該州全部的黨代表票；民主黨則採比例分配制，贏多少就拿多少黨代表票。

主角史帝芬是個意氣風發的競選幕僚，他年輕聰明，對選舉也很有經驗，深獲候選人與他的上司保羅的信任。這一天他正跟《紐約時報》特約記者艾妲（Ida Horowicz）聊天，艾妲不斷旁敲側擊，希望史帝芬能抖出一些選舉內幕，但是史帝芬左閃右躲，言不及義。史帝芬再三跟艾妲表示，他深信只有麥克．莫里斯才能眞正改變民眾的生活，所以一定要贏得這場選舉！艾妲回擊史帝芬：「不然怎樣！難道世界會崩潰嗎？」她譏笑史帝芬竟然說出贏得選舉，就能「贏回國家」的鬼話。她一語道破史帝芬的心思：「對老百姓而言，選舉的輸贏對他們根本沒有差別，他們還是一樣得過日子，而你們贏了，就可以進白宮工作。」

這段對白，讀者是不是覺得很熟悉？還記得在二〇一四年台北市長選舉，某位候選人還聲稱中華民國的生存在此一役，好像他落選，國家就會完蛋、台灣也會完蛋、中華民國也沒有了。政治語言其實和國家真正的情況並沒有直接關係，都是誇大不實的選舉宣傳而已。

史蒂芬的表現，引來對手普曼（Ted Pullman）陣營的覬覦，普曼的競選顧問湯姆．達菲（Tom Duffy）約史蒂芬見面，史蒂芬遲疑了一會，但他還是私下與湯姆．達菲見面。湯姆．達菲一見到史蒂芬就對他大灌迷湯，他稱讚史蒂芬把媒體應付得服服貼貼，記者都喜歡他，他希望史蒂芬能來幫忙。湯姆．達

史帝芬與湯姆．達菲
來源：IMDB 電影網站http://www.imdb.com/title/tt1124035/mediaviewer/rm2495462656

菲告訴史蒂芬雖然你們目前的民調在民主黨員部分贏了百分之六，但是最後還是會輸掉俄亥俄州。因爲俄亥俄州是開放式初選，中間和共和黨選民都能投票，雖然共和黨選民不喜歡普曼，但是他們認爲普曼比較弱，未來在大選中，如果能讓普曼當選，共和黨擊敗普曼的機會比較大。因此這些共和黨支持者會策略性的支持普曼，而支持共和黨的右派部落客網軍已經開始集結催票，呼籲將票投給普曼。而且他們也說動北卡羅萊納州參議員法蘭克・湯普森（Franklin Thompson）支持普曼，而湯普森手上掌握三百五十六張選舉人票，只要普曼答應讓湯普森擔任國務卿。縱然湯姆・達菲說得天花亂墜，但是史蒂芬還是拒絕了邀約。隔天，史蒂芬將湯姆・達菲私下約見的事，一五一十地告訴保羅，卻被保羅斥責一頓，認爲陣前通敵，犯了兵家大忌。

媒體在選舉的角色

這裡提到的「網軍」，可說是現在選舉中新的輿論工具，它瓜分了過去電視影像主導的主流地位。美國總統大選在一九六〇年首創電視辯論，讓當時原居劣勢的年輕參議員約翰・甘迺迪（John F. Kennedy）憑藉著螢幕上英俊瀟灑與雄辯滔滔的形象，一舉打敗在電視上左支右絀、滿頭大汗的理查・尼克森（Richard Nixon）（當時還是副總統），讓這場電視辯論開啓了媒體主導候選人形象的時代。

但到了二十一世紀，網路世代崛起，這些隱身在電腦螢幕前的網民與光鮮亮麗的電視人不同，他們有自己獨特的品味與語言，蒐集、吸收資料快速與散播資訊能力強大，候選人過去到現在的言行根本無所遁形。因此候選人想靠著選舉時，一時的電視包裝來爭取認同，實在是時不我與。在台灣，大家都熟悉的例子是二〇一四年台北市長選舉，素人醫師柯文哲整場選舉只有穿著夾克與高腰褲的過時形象，在毫無電視廣告宣傳下，卻能打敗當時執政黨候選人——高大英挺、西裝剪裁合身的連勝文。憑藉的就是柯文哲直接、毫不做作的發言深入這一代網路鄉民、阿宅的心；而連勝文長期多金的貴公子形象，則在網路上被塑造成「靠爸族」。可見在網路時代，候選人作爲「產品」本身長得好不好看並非決定性因素，其競選團隊如何運用網路大軍爲其爭取網民的支持度，並藉機打擊對手才是關鍵！

爲了爭取更多黨代表票，保羅也私下拜訪北卡羅萊納州參議員法蘭克・湯普森。保羅將湯普森的條件轉達給候選人麥克・莫里斯，他向麥克分析俄亥俄州的選情，目前只有領先百分之四，而且有共和黨網軍的攻擊，如果湯普森又轉向支持對手，他們的差距會拉大，爲今之計就是拉攏湯普森。但是麥克堅決反對，他不同意主張烽火外交的湯普森擔任國務卿，而且他在競選時就已經承諾不做任何酬庸，他堅持自己穩紮穩打完成這場選戰。

史蒂芬在競選總部有個常私下約會的實習生茉莉（Molly Stearns），但有天半夜，史蒂芬發現候選人麥克・莫里斯打電話給茉莉，茉莉才說出她與州長在愛荷華州競選時發生了一夜情，但是她最近發現自己懷孕了，她亟需錢去墮胎。但是因爲家裡是天主教徒，不能跟父母說也沒錢墮胎，在走投無路下，只能向他要錢。面對這樣的醜聞，史蒂芬決定自己親自處理，以免消息走漏，影響選情。他幫茉莉籌錢，找墮胎醫生，但他也要求茉莉墮胎後馬上離開競選團隊。

美國社會雖然開放自由，但是對於政治人物設定頗高的道德標準，只要發生不倫戀曝光，很少全身而退。近年來比較著名的例子包括：二〇〇九年南卡州州長馬克・桑福德（Mark Sanford）跟幕僚說要去阿帕拉契山健行一週，卻偷偷飛到阿根廷與情婦約會，事情曝光後引咎辭職；北卡州參議員約翰・愛德華茲（John Edwards）以其俊俏外型深受女性選民喜愛，而且他也積極爭取總統候選人提名，但是在二〇一〇年被爆出與其助手發生婚外情，甚至還生下小孩，此後政治生涯中斷；二〇一二年中情局局長大衛・霍威爾・裴卓斯（David Howell Petraeus）因爲和軍事作家寶拉・布洛德威爾（Paula Dean Kranz Broadwell）發生婚外情曝光而辭職。這些案例顯示電影中史蒂芬盡全力不讓他老闆的性醜聞曝光並非誇大。

危機處理

在史蒂芬焦頭爛額處理大老闆的醜聞時，《紐約時報》特約記者艾妲此時打電話給史蒂芬求證他私下去見敵營顧問湯姆．達菲的事。史蒂芬跟艾妲求饒，他說此事一曝光，他必死無疑，他動之以情，向艾妲套交情，但艾妲冷冷回道：「你以爲我們是朋友？……你餵料我就報導，如此而已！」但艾妲也給史蒂芬另一個選擇，如果他願意說出與法蘭克．湯普森的交易內容，她就不會報導他的事。

艾妲對史蒂芬的這句話，對政治人物與媒體的關係眞是一針見血。無論在選舉或是其他政治場域，媒體往往較他人容易與政治人物接近，政治人物也不會拒絕媒體，因爲他們必須仰賴媒體增加曝光率與塑造形象，或是作爲放話、打擊政敵的工具。但是同樣的，一旦自己身陷醜聞泥淖，媒體也會反噬，因爲這是媒體的天性。

史帝芬最後發現原來是保羅向艾妲爆料，藉此逼走史蒂芬，因爲他對史蒂芬私下見湯姆．達菲之事還是不諒解，他已經不相信史蒂芬了。保羅狠狠修理史帝芬說：「我用人只看忠誠，沒有忠誠就一無是處，沒人追隨，尤其是在政治圈，那是唯一可靠的價值，所以我要開除你……」

被保羅踢出團隊的史帝芬憤而回去找湯姆．達菲，但他對史蒂芬表示時機已過，他們不可能接受一個被敵營開除的人，尤其是一個充滿憤怒情緒的人，復仇會使人像一顆不定時炸彈，他們不可能用情緒不穩定的人。更何況史帝芬是被保羅開除的，收留史帝芬就像在撿破爛，會讓敵營占上風。史帝芬恍然大悟，原來他只是顆被玩弄的棋子，對湯姆．達菲而言，他或許不是眞心要吸收史帝芬，但他了解保羅的用人特性，他只需做做樣子策反史帝芬，如果史帝芬上鉤，他可得到他；若沒成功，也能離間敵營。反正他得不到的，也要讓別人得不到，無論結果如何，他都是贏。

爲達目的不擇手段

爲求自保，史帝芬只能使出殺手鐗，他轉向候選人麥克．莫里斯，他以揭發茉莉墮胎的事要脅，要求莫里斯開除保羅，由他接任總幹事，並且調整選戰策略，讓法蘭克．湯普森成爲副手，接收他的三百五十六張票，拿下總統大位。史帝芬對麥克．莫里斯說：「你觸犯了政治的唯一規則；你想當總統？你可以開戰，可以說謊、作弊、讓國家破產，就是不能搞上實習生，選民會唾棄你。」爲了自保勝選，麥克．莫里斯也只能拋棄過去一再秉持的信念，他接受法蘭克．湯普森，開除了保羅。史帝芬終於反敗爲勝，麥克．莫里斯也如願的贏得民主黨初選。在片中導演安排一場保羅從理髮廳出來後上車和州長談話又下車的一幕，雖然觀眾完全看不到兩人談的是什麼，但卻是整齣戲最重要的轉捩點：史蒂芬與保羅，候選人莫里斯選擇了前者。在公眾場合滿口正義道德、慈愛親民的州長，為了保全自己的政治生命，做出非常冷靜且殘酷的決定。十五世紀義大利政治思想家尼可洛・馬基維利（Niccolò Machiavelli）所言：「君主所應該做的是將善良與邪惡作為一種奪取權力的手段，而不是目標本身。」已經成為所有政治人物深信不疑的生存準則。

「選戰風雲」雖然是描述美國民主黨在俄亥俄州的初選，但因為重心放在

莫里斯州長最後選擇與參議員湯普森結盟

來源：IMDB電影網站http://www.imdb.com/title/tt1124035/mediaviewer/rm3398082816

選舉幕僚的勾心鬥角、針鋒相對，場景的規模與變化不大，劇情走向以人物對話爲主，只算是小品電影。但因爲改編自舞台劇，加上編劇波・威利蒙本身過去曾有選戰幕僚的相關經驗，角色間的對白字字珠璣，直指核心，有時令人拍案叫絕。此外，對於選舉的運作過程與潛規則描述深刻，雖然整部片風格沉靜冷冽，剛開始會覺得稍嫌緩慢，但是細細品味劇中每個角色，不論是候選人、選舉幕僚與媒體等等的言行舉止，每個角色的語言與思考本位都是恰如其分，實在是一齣適合了解美國選舉公關公司運作選戰的佳作。

2

看媒體如何揭發總統濫權——大陰謀（*All The President's Men*）

沒有什麼事情可以凌駕在這之上，除了憲法第一修正案、新聞自由，以及這個國家的未來。

美國／英語
一九七六年出品
導演：艾倫・帕庫拉（Alan J. Pakula）
編劇：威廉・戈德曼（William Goldman）
原著：鮑伯・伍華德（Bob Woodward）、卡爾・伯恩斯坦（Carl Bernstein）
來源：IMDB電影網站http://www.imdb.com/title/tt0074119/mediaviewer/rm2619022080

「水門事件」奠定媒體監督政治正當性

如果要說歷史上有哪個單一事件對一個國家政治造成巨大的影響，甚至徹底改變此後政治的生態，發生於一九七二年的水門事件（Watergate Scandal）絕對可以名列史冊。當時位於華盛頓特區水門綜合大廈的民主黨全國委員會（Democratic National Committee），發現遭人侵入。此事原只是一樁普通的竊案，但被兩名《華盛頓郵報》（*Washington Post*）年輕記者鮑伯．伍華德（Bob Woodward）和卡爾．伯恩斯坦（Carl Bernstein）不斷挖掘下，揭發了一連串尼克森政府對政敵民主黨的各種違法監聽與抹黑行動。但因爲那時尼克森聲望如日中天，在動員整個政府資源下，伍華德和伯恩斯坦兩人，猶如小蝦米對大鯨魚，但最終還是扳倒巨人，迫使尼克森總統辭職下台。

水門案一直被後來的新聞媒體工作者奉爲圭臬，此案不但大大的鼓舞了此後的新聞工作者，更奠定了媒體在民主政治行使第四權的正當性。當然，揭露此事的《華盛頓郵報》也因此贏得了其在美國新聞界的歷史地位；鮑伯．伍華德和卡爾．伯恩斯坦兩人也獲得了新聞界最高榮譽——普立茲獎，之後兩人將此事合著出書，書名爲*All The President's Men*（可譯爲：總統的人馬），本片即根據此書改編而成。

由於水門事件影響深遠，許多當時的新聞名詞到現在還是爲業界沿用，例如，「水門」幾乎成爲政府違法竊聽的代名詞，而水門事件的關鍵人物——祕密線人「深喉嚨」（Deep Throat），也成爲爆料者的代稱。當初《華盛頓郵報》會以「深喉嚨」作爲代號，是因爲同年一部十分轟動的色情片「深喉嚨」（Deep Throat），以此作爲代號，算是《華盛頓郵報》的另類幽默吧！而且，之後只要是涉及政府醜聞事件，新聞媒體常常會冠以××門（gate），例如，晚近南韓總統朴槿惠下台事件稱爲「閨蜜門」、美軍虐待伊拉克戰俘事件稱爲「虐囚門」、美國雷根政府向伊朗祕密出售武器被稱爲「伊朗門」……等。

「大陰謀」於一九七六年推出，片中兩位主角由好萊塢大明星勞伯・瑞福（Robert Redford）與達斯汀・霍夫曼（Dustin Hoffman）分別飾演鮑伯・伍華德和卡爾・伯恩斯坦。而勞伯・瑞福同時也是此片的製片。勞伯・瑞福因一九六九年經典電影「虎豹小霸王」（Butch Cassidy and the Sundance Kid）一片，而成爲好萊塢一線大明星。他不但是優秀的演員，也是個才華洋溢的電影人，身兼導演、製片……等多重角色；他更在一九七八年創立「日舞影展」（Sundance Film Festival），專門鼓勵獨立製片。現今許多著名的導演如昆汀・塔倫提諾（Quentin Tarantino）、柯恩兄弟（Coen Brothers）、保羅・湯瑪斯・安德森（Paul Thomas Anderson）皆發跡於該影展，而「日舞影展」之名，就是源自於勞伯・瑞福在「虎豹小霸王」飾演的角色Sundance Kid。

勞伯・瑞福後來在一九七四年以四十五萬美元買下《總統的人馬》一書的電影版權，開始籌劃拍片。當時水門事件的調查才落幕不久，新聞媒體對此事的報導與分析汗牛充棟，鉅細靡遺，全美國人民對此事件再熟悉不過，如果電影再複製此事，等於又將大家剛經歷的事件再次重現，了無新意。此外，勞伯・瑞福對伍華德和伯恩斯坦這兩個人比較有興趣。因此他決定另闢蹊徑，將故事的主線放在伍華德和伯恩斯坦兩人身上，還原當時兩人追查案件時的過程，因此「大陰謀」故事著重在水門事件新聞幕後的故事。

電影還原《華盛頓郵報》現場

勞伯・瑞福在製作此片時，十分考究，不但多次與伍華德和伯恩斯坦訪談，討論劇本的撰寫；而他倆也將當時新聞訪談的手稿與文件提供予電影製作，大大提高內容的眞實性。爲了讓電影更加逼眞，電影拍攝場景更拉到《華盛頓郵報》編輯現場，爲了貼合新聞編採現場的氣氛，電影也捨棄了配樂，改用大量的打字聲、對話、電話鈴聲等背景音，使整部電影更具臨場感。

不過，因爲電影大量還原報社工作現場，因此整部電影調性較爲低盪沉穩，沒有激烈衝突場面；加上內容含有許多事件當時涉入的人名，如果對當時尼克森政府沒有研究的人，對突然冒出的大量人物與事件可能會一頭霧水，不容易理解當中的對應關係，這是觀看此片較辛苦之處。不過瑕不掩瑜，這都無法遮掩電影所要彰顯媒體工作者捍衛第四權的努力，也可看出一篇新聞在報導之前，編採時所做的準備工作，非常精彩。

爲塑造當年尼克森空前絕後的聲望，電影以尼克森搭乘空軍一號直升機，氣勢恢宏地抵達國會作爲開場。國會中數百位國會議員、政府閣員、各國使節，莫不引頸期待尼克森的來臨，當他到達現場，大家像迎接英雄般，紛紛起立，報以如雷的掌聲。這段影片應該是一九七二年一月尼克森赴國會發表國情咨文的畫面。就在報告後一個月，尼克森啓程赴中國大陸進行爲期一週的訪問，並在中南海與毛澤東會面，此舉被視爲打破中美兩國長達二十五年隔閡的破冰之旅。尼克森稱此訪問爲「改變世界的一週」。此舉也改變了冷戰時期的世界局勢，美國不僅得以聯合中國對抗蘇聯，更有望藉由與北京關係的改善而結束越戰，此時他的聲勢如日中天，幾乎可以篤定連任成功。

但就在當年六月十七日深夜，民主黨全國委員會位於華盛頓特區的水門綜合大廈，被保全發現大門門鎖被膠帶黏住，保全懷疑有竊賊，報警處理。兩名在附近的便衣警察獲報後前去處理，逮捕潛入的五名竊賊。

片中還原竊賊闖入水門大廈的情境
來源：IMDB電影網站http://www.imdb.com/title/tt0074119/mediaviewer/rm931539456

才到《華盛頓郵報》工作九個月的年輕記者鮑伯・伍華德接到報社長官命令，叫他前去法院聆聽水門竊案的審理。長官提醒伍華德，這些竊賊是想在民主黨全國委員會裝竊聽器。而卡爾・伯恩斯坦聽到此案，也表明有興趣，但是長官叫他先做好手上的工作再說。

伍華德趕到法院，想找那五名竊賊的律師了解情況。很不尋常地，這些竊賊拒絕法院提供的義務律師。原來，他們已經有了辯護律師，伍華德覺得很奇怪，因爲這些竊賊沒有打過一通電話找律師。除了律師，伍華德發現這五名竊賊的身分也很不尋常，他們每個人都另有別名。而伯恩斯坦也以自己的人脈，探知到當中有四名都跟中情局有關係。

他倆回報給報社，伯恩斯坦認爲以這些人所持的工具與資金來看，他們應該是受命行動，他推論這些人應該是被派去裝監聽器，監聽民主黨的選舉策略。但長官聽完他們的分析，僅僅回應：我對這些顯而易見的事沒興趣，我要知道的是他們爲什麼要這麼做？因爲，這可能是一個有趣的新聞題材，也有可能只是一群瘋狂的人而已！

美國的民主黨與共和黨並不像台灣的政黨有「中央黨部」，因此全國委員會的功能就有點像黨部，負責在選舉時提名候選人、擬定選舉策略、召開黨代表大會等等。一九七二年是選舉年，民主黨在華府租了水門綜合大廈酒店的部分樓層作爲辦公室。因此，竊賊闖入該辦公室一定與選舉有關。後來，警察進一步查出，其任務是調整先前安裝好但無法運作的竊聽器。

伍華德接到線民通報，在其中一個竊賊的通訊錄中，發現一名叫霍華・杭特（E. Howard Hunt）的人在白宮工作。伍華德循線打電話到白宮查詢，雖沒找到霍華・杭特，但得知他在查爾斯・卡爾森（Charles Colson）底下工作。他詢問報社內資深編輯哈利・M・羅森費爾德（Harry M. Rosenfeld），誰是查爾斯・卡爾森？哈利臉上一笑，叫伍華德過來坐好，他跟伍華德說，幸好這個問題是問到我，如果你問其他人，他們大概會說：「爲什麼不把這個白痴開除！」哈利說：「尼克森你認識吧？查爾斯・卡爾森就是尼克森的特別顧問！」這段對話，把伍華德初跑政治新聞的淺薄無知表露無疑。

伍華德終於跟霍華・杭特通上電話，但對方只回一句：「無可奉告！」伍華德得不到任何資訊，只能從任何與他有關聯的人，一一打電話探詢。最後，終於查知霍華・杭特除了曾在查爾斯・卡爾森底下工作，也為中情局工作。而讓他覺得最可疑的是，白宮裡的人對水門竊案都避之唯恐不及，完全撇清。

種種跡象顯示，白宮確實有人涉入此案，也都刻意隱瞞。伍華德跟報社回報，主管要他下筆小心點，認爲這可能會是轟動全國的大案。不過，因爲伍華德太嫩了，報社有意改派較資深的政治記者接手，但哈利認爲伍華德很努力，應該給予肯定；再者，現在是全國總統大選期間，所有資深的記者都去跑選舉了。哈利力主應該讓伍華德繼續跑這條新聞，所以推薦伯恩斯坦加入，因爲他人脈廣，而且他們兩個都需要這條新聞來證明自己的能力。而哈利的說法也沒有錯，水門案爆發時，正值總統大選，尼克森的聲望日隆，連任唾手可得，根本沒有人會注意這個小案。

白宮的介入

因爲哈利的力保，伍華德與伯恩斯坦兩人開始分頭進行水門案的查證工作。但兩人的行事作風大相逕庭。伍華德處事嚴謹，一絲不苟；伯恩斯坦個性隨興，不按常規。伯恩斯坦透過卡爾森的女祕書得知，霍華．杭特曾經爲了調查泰德．甘迺迪（Ted Kennedy）的「查帕奎迪克事件」（Chappaquiddick Incident），在白宮圖書館跟國會圖書館借了不少相關書籍，他向白宮圖書館查詢，但白宮圖書館前後不一的說法更啓人疑竇。從一開始的霍華．杭特確有借一堆有關甘迺迪的資料，後來又否認有任何有關霍華．杭持的借書紀錄，最後白宮圖書館根本就否認與伯恩斯坦有過任何對話。

這邊要特別說明泰德．甘迺迪的「查帕奎迪克事件」。時任參議員的泰德．甘迺迪是前總統約翰．甘迺迪的弟弟，也是當時民主黨的明日之星。但他在一九六九年一場宴會後，駕車經過查帕奎迪克島上的一座橋時卻意外墜河，造成同車的年輕女子Mary Jo Kopechne不幸死亡，此事件即稱爲「查帕奎迪克事件」。因爲此事，泰德．甘迺迪形象大損，從此斷了競選總統之路。

伍華德與伯恩斯坦兩人無計可施，決定到國會圖書館調資料。他們向國會圖書館調到從去年一整年白宮向國會圖書館調書的借書單，伍華德與伯恩斯坦兩人從那一堆的借書單中，希望查出是否有霍華・杭特的借書紀錄，但卻大失所望，毫無所得。

雖然無法直接證明霍華・杭特在調查泰德・甘迺迪，但透過白宮的祕密證人，伍華德與伯恩斯坦還是將尼克森的特助卡爾森調查泰德・甘迺迪之事，寫成報導，他們覺得這個新聞分量可以上頭版，但是總編輯班・布萊利（Ben Bradlee）覺得這個報導的證據不直接，因爲這名白宮助理不願具名。消息來源的分量不夠，這個新聞只能安插在報紙其他版面。他修改兩人的新聞，表示只能寫成卡爾森對調查甘迺迪一事展現高度的興趣……

神祕線民「深喉嚨」

另一方面，一直有位線民與伍華德接觸，此人就是之後《華盛頓郵報》所稱的「深喉嚨」。深喉嚨提醒伍華德要追查「錢的流向」（follow the money）。而伯恩斯坦看到對手《紐約時報》的報導，得知在事件發生前三個月，這些竊賊曾打了十五通電話給尼克森總統連任委員會，而委員會則支付一筆八萬九千元的款項給一家位在邁阿密的公司。伯恩斯坦透過關係，知道《紐約時報》的消息來源，他跑到邁阿密訪查，從中得知有一名叫肯尼斯・達柏格（Kenneth H. Dahlberg）的人開了一張二萬五千元的支票給了其中一名竊賊。

伯恩斯坦從佛羅里達回電給伍華德，他希望能搶先在《紐約時報》前，知道肯尼斯・達柏格的身分。要知道當時是一九七二年，沒有電腦，沒有Google，要找一個人，簡直是大海撈針。但在同事的協助下，伍華德終於從一張肯尼斯・達柏格在明尼蘇達受勳照片中找到線索，進而循線找到他的聯絡電話。在與肯尼斯・達柏格通話中，才知道他原來是尼克森連任委員會中西部財務主席。肯尼斯・達柏格表示，他只負責募款，其他一概不知，就把電話掛了。但後來他再回電伍華德，才吞吞吐吐的提到他將錢交給史丹思，而史丹思正是尼克森的財務總長。

伍華德知道這次釣到大鱷了，他欣喜若狂，在打字機前飛快打起他的報導。但在編輯室裡，哈利認爲這篇肯尼斯・達柏格報導太重要了，因爲此事，審計部決定調查連任委員會的財務流向，但包括總編輯布萊利與各版主編，卻因爲伍華德與伯恩斯坦兩人太名不見經傳，不太相信他們的報導。如果白宮出面否認，對報紙的公信力將是很大的打擊，而且幾乎沒有什麼媒體關注水門案，他們拒絕將這篇報導放在重要版面。

在這個編輯室的橋段，有一段與台灣有關的討論很有趣，當討論到國際版面時，提到日本要與台灣斷交，與中國建交，而會有這個結果，是因爲尼克森訪問中國的緣故。因此，他們決定國際版的頭條爲「台灣外交進入緊急狀態」。

伍華德與伯恩斯坦繼續追蹤連任委員會的財務流向，卻發現所有有關的人員彷彿都被下了禁口令，他們問不到任何人的說法。同時，總統大選結果也出爐了，尼克森以超懸殊得票比例連任總統。而審計部對連任委員會的審核報告卻一延再延。伯恩斯坦與伍華德兩次訪問史丹思的祕書，在費盡心思的不斷追問下，他們終於套出關鍵性的資料，得知前司法部長約翰・N・米契爾（John N. Mitchell）牽扯其中。再比對其他人的說法，包括深喉嚨的爆料，他們推論出米契爾掌控了一個祕密基金，用來蒐集民主黨的情報。但是，要報導前司法部長也牽扯其中，這是何其大的指控，在所有來源都不能曝光的情況下，這對報社而言眞是一場豪賭。爲了平衡報導，伯恩斯坦也必須詢問米契爾的回應，在電話另一頭的米契爾當然全盤否認，並威脅他，如果眞的要登那篇報導，會在《華盛頓郵報》發行人凱瑟琳・葛蘭姆（Katherine Graham）奶頭上掛上大鈴鐺！

這篇報導實在太震撼，總編輯布萊利再三確認兩人的訪談，除了要求必須刪除奶頭這個字眼外，他決定登出此篇報導。布萊利對著他倆說：「我不能幫我的記者跑新聞，所以我得相信他們。」

之後，從種種的蛛絲馬跡，伍華德與伯恩斯坦發覺這筆祕密基金用來作爲打擊民主黨員早在一年前就開始了。在深喉嚨的提示下，尼克森的競選團隊很早就開始監聽、跟蹤對手，派間諜滲入敵營、偷竊文件，而這些米契爾都知道。

他們發現掌控這筆祕密基金的應該有五人，現在已經掌握了四個人，他們懷疑最後第五人應該是尼克森的心腹，也是白宮幕僚長赫德曼（H. R. Haldeman）。他們約談連任委員會前出納休·W·史隆二世（Hugh W. Sloan, Jr.），在兩人的誘導式問話下，史隆間接默認了第五人是赫德曼。兩人這次的報導更直指國家的權力核心——白宮幕僚長赫德曼的罪行。對於要不要刊登此報導，又引起了編輯部的大辯論。力主刊登的人認爲，既然有人做了壞事，就要自己承擔後果；也有人認爲，不要因此成爲拖垮國家的人！總編輯布萊利還是認爲證據太薄弱，他要求伍華德與伯恩斯坦兩人再去找更多的證據。伯恩斯坦打給他一個在司法部的祕密線人，要他確認赫德曼是不是掌握祕密基金的人，他的祕密線人表示無法確認，但是伯恩斯坦要他確認如果他們的報導這麼寫的話，會不會出錯？這個祕密線人卻沈默以對，在祕密線人的默認下，伯恩斯坦更加確認報導沒有錯。最後，布萊利決定將此篇報導登上頭版頭。

但新聞刊登後，卻引起白宮強烈否認，並大加抨擊《華盛頓郵報》。而史隆在大陪審團作證時也否認他說過赫德曼涉入。原本聯邦調查局的線人也都三緘其口，否認之前曾提供過的消息與說法。這時，伍華德與伯恩斯坦陷入困境，他們開始懷疑自己是否做錯了，還是被設計了。各界對《華盛頓郵報》的責難排山倒海而來，但是總編輯布萊利決定相信自己的報導。

在伍華德與伯恩斯坦焦頭爛額，幾乎要放棄時，深喉嚨又出現了，他說整個系統都由赫德曼操控，包括法務部、中情局、聯邦調查都涉入其中，官官相護，牽連的範圍非常廣大……深喉嚨同時警告伍華德，他們的生命已經遭受威脅，身邊也都被裝設竊聽器。伍華德再度約談史隆，史隆表示是因爲在作證時沒有人提問他赫德曼的事，但這次他願意出面指控赫德曼是掌控祕密基金的第五人。伍華德與伯恩斯坦兩人決定將他們的採訪再做報導，布萊利聽完兩人的報告後，要他們先回家洗個澡，然後再上場作戰。他說：「我們承受很多的壓力……沒有什麼事情可以凌駕在這之上，除了憲法第一修正案、新聞自由，以及這個國家的未來……」

伍華德用打字機打出「深喉嚨」警告
來源：IMDB電影網站http://www.imdb.com/title/tt0074119/mediaviewer/rm1488726528

「水門案」終成壓垮尼克森的最後一根稻草

電影的最後一幕，偌大的辦公室裡，伍華德與伯恩斯坦兩人認眞專注的打著新聞稿，而件隨他們的是在電視上尼克森志得意滿，風光連任美國總統的畫面。

水門事件眞正的好戲，其實從這裡才開始。一九七三年一月水門竊案宣判，幾名竊賊被判有罪並入獄服刑。不過之後有越來越多證據證明尼克森不僅知道竊聽民主黨的事，而且還想辦法撇清關係。二月初，參議院以七十七票對○票的差距通過成立一調查委員會，對水門事件進行調查並舉行聽證會。四月間，尼克森要求赫德曼辭職，同時任命一位新的檢察總長埃利奧特・理查森（Elliot Richardson），後者則任命一獨立檢察官阿奇博爾德・考克斯（Archibald Cox）來調查水門案。

七月間，在參院聽證會上，白宮助理亞歷山大・巴特菲（Alexander Butterfield）作證表示，尼克森上任後白宮內裝設了一個新的錄音系統，總統所講的話（包括私人對話）都會被錄音下來。參院與獨立檢察官考克斯立刻要求總統交出錄音帶，但尼克森以行政特權爲由拒絕，並要求檢察總長撤換考克斯，檢察總長拒絕。尼克森將檢察總長與副檢察總長雙雙撤換，並任命拉烏斯基（Leon Jaworski）爲特別檢察官。沒想到拉烏斯基上任後仍然要求總統交出錄音帶，當然尼克森也拒絕，他接著向最高法院提起訴訟。一九七四年七月，最高法院判決總統必須公開錄音帶，尼克森只好照辦。

不過，當外界檢視這些錄音帶時，發現內容竟然有十八分三十秒的空白，而這段錄音就發生在水門事件之後一個星期，內容是尼克森與白宮幕僚長赫德曼之間的對話，顯然是尼克森對水門案是否知情的關鍵。尼克森的女祕書承認是她操作時「不小心」刪除，但外界對其說辭普遍質疑。此時，衆院已經開始討論是否彈劾總統。

八月五日，白宮公布的另一捲錄音帶顯示尼克森不僅知道竊聽事件，而且企圖指使中情局阻撓辦案。這捲錄音帶成爲壓垮駱駝的最後一根稻草：兩日後，尼克森宣布辭去總統。繼任的總統傑拉德・福特（Gerald Ford）後來宣布給予尼克森所有豁免權，使其不會再因此事受到起訴。

從「水門事件」本身來看，讓尼克森總統下台的關鍵因素是在竊案發生之後，他企圖掩蓋眞相、撇清責任，結果反而讓事件發展到不可收拾的地步。此事也創下許多美國政治的先例，例如，美國參院舉行聽證會期間，三大電視網實況直播，讓「水門事件」的眞相完全暴露在公衆眼光之下。雖然尼克森最後是自己辭職而非遭到彈劾，但是國會已經開始啓動彈劾程序，如果尼克森拒不辭職，遭到彈劾下台的可能性很高。此外，「水門事件」讓許多美國民衆對政治人物失去信任感，加上美國當時在越戰失利、能源危機導致經濟衰退等諸多因素，美國在全球的領導地位開始動搖，到一九八〇年後才逐漸恢復。

電影中的兩位主角伍華德和伯恩斯坦因為報導水門案而聲名大噪，不過後來際遇有些不同：伍華德持續報導寫作，幾乎得遍美國所有新聞獎項，並且是《華盛頓郵報》對九一一恐怖攻擊事件所做專題

電影中《華盛頓郵報》發行人葛蘭姆（左一）、伯恩斯坦（左二）、伍華德（左三）、以及總編輯布萊利（右一）開會的情境

來源：Bob Woodward and Carl Bernstein, The Ben Bradlee we knew: Friend, fierce editor and a truth-seeker above all, The Washington Post, October 28, 2014: https://www.washingtonpost.com/lifestyle/style/the-ben-bradlee-we-knew-friend-fierce-editor-and-a-truth-seeker-above-all/2014/10/28/c565eb86-5df1-11e4-9f3a-7e28799e0549_story.html?utm_term=.27d769a13a0e

報導主要撰稿人；伯恩斯坦雖然也繼續待在新聞界，但是換過幾個地方，而且因爲喜歡和演藝界人士來往，所以個人花邊新聞不斷。至於「深喉嚨」，多年來各界都在猜測其眞實身分，這個謎團終於在二〇〇五年揭曉：前聯邦調查局副局長馬克・費爾特（Mark Felt）對外公布他就是深喉嚨，並且獲得《華盛頓郵報》的證實。他的故事也在二〇一七年搬上大螢幕（片名：Mark Felt: The Man Who Brought Down the White House，中文譯爲：推倒白宮的男人），由連恩・尼遜（Liam Neeson）飾演費爾特。

二〇一七年底，美國導演史蒂芬・史匹柏（Steven Spielberg）導演的新片「郵報：密戰」（The Post）正式上映。這是以一九七一年《華盛頓郵報》出版「五角大廈文件」（美國國防部評估越戰的密件，被國防部僱員丹尼爾・艾斯伯格（Daniel Ellsberg）祕密拷貝後交給媒體披露）的故事爲主題。這是另一個媒體捍衛新聞自由對抗總統的故事，剛好也是《華盛頓郵報》槓上尼克森總統。導演史蒂芬・史匹柏似乎想藉由本片諷刺尼克森的方式來影射美國現任總統川普。本片由好萊塢演技派明星湯姆・漢克（Tom Hanks）主演《華盛頓郵報》總編輯班・布萊利，梅莉・史翠普（Meryl Streep）主演《華盛頓郵報》發行人凱瑟琳・葛蘭姆，推出後大獲好評，許多影評人都將此片和當年「大陰謀」相提並論，筆者建議兩片可以一併觀賞。

3

從黛妃之死看政治人物如何進行危機處理
——黛妃與女皇（*The Queen*）

現代人只想看灑狗血的華麗表演，那是我一向不擅長的事。

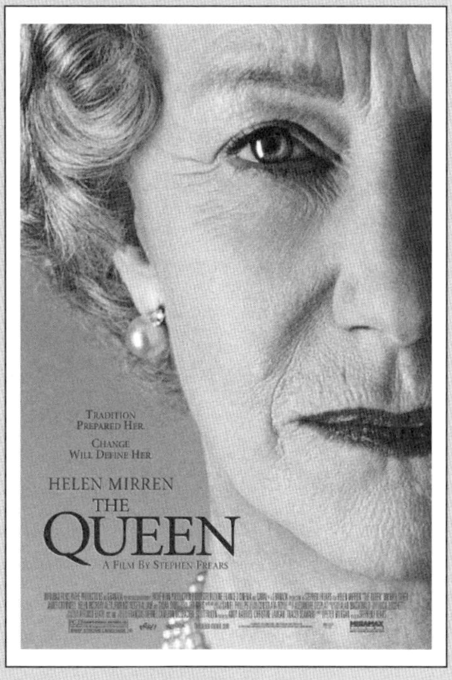

美國、英國／英語
二〇〇六年出品
導演：史蒂芬・佛瑞爾斯（Stephen Frears）
編劇：彼得・摩根（Peter Morgan）
來源：IMDB電影網站http://www.imdb.com/title/tt0436697/mediaviewer/rm3313013248

「一代王妃」黛安娜的殞落

上個世紀八〇年代，全世界最具魅力也最知名的女人，當屬英國王妃黛安娜（Princess Diana）。有著無懈可擊美貌的黛安娜在一九八一年七月二十九日嫁給英國王儲查爾斯王子（Prince Charles），那場世紀婚禮，猶如童話般夢幻，讓她從一個默默無聞的女孩，一躍成爲全球偶像。在台灣，任何一個六年級以上年紀的人，應該都還記得黛安娜王妃的絕代風華與她戲劇般短暫的一生，讓人不勝唏噓！不過，也因爲英年早逝，讓黛安娜的美麗，永恆地留存在人們的記憶中。

「黛妃與女皇」，英文原名爲The Queen「女王」，是比較貼近劇情原意，實際的故事主線是落在黛妃車禍驟逝後，女王與王室的反應。但，中文的片名反易誤導這是一齣描述黛妃與英國女王伊莉莎白二世（Queen Elizabeth II）婆媳間互動的戲劇。此片最大的挑戰是女主角爲女王伊莉莎白二世，扮演這樣一個廣爲世人熟知、世界最有權勢，且還在世上的女人，演員的壓力可想而知。然而，這個角色在英國資深女星海倫・米蘭（Helen Mirren）精確細緻的詮釋下，不但外貌舉止維妙維肖；在心理的表現上也呈現出王室難以親近的威嚴。而最精彩的是，在力求人物高度相似的同時，也讓人理解到這些不近人情的舉動背後的情感與原因，不慍不火，不討好也不醜化，讓角色的生命力與力量感染觀衆。她的精彩表現，除了拿下二〇〇六年奧斯卡金像獎最佳女主角，也橫掃了當年所有重大影展的演技獎項。據說海倫・米蘭因爲演得太好，英國女王還特別邀請她到白金漢宮共進下午茶。

但是本片最令人推崇的是它並不是想藉此臧否英國王室。它極力去還原當時英國女王面對黛妃之死的眞實情感，以及她爲何有如此的反應，讓人們去了解身爲女王，她所受的教養與維護王室尊嚴的努力，縱然這些她所珍惜的原則，已經不符現代潮流。

值得一提的是，「黛妃與女皇」的編劇彼得・摩根（Peter Morgan），同時也是「最後的蘇格蘭王」（The Last King of Scotland）的編劇，「最後的蘇格蘭王」描述的是烏干達獨裁者伊迪・阿敏（Idi Amin）的故事。同樣地，在角色的剖析上，透過阿敏的成長經歷與生、心理疾病型塑阿敏的人格特質，以及如何影響到他的決策。就如「黛妃與女皇」一樣，這齣電影也讓非裔演員佛瑞斯・惠特克（Forest Whitaker）因阿敏一角，獲得奧斯卡最佳男主角，由此可見彼得・摩根在角色撰寫上的深厚功力。

王室與民選政府的扞格

對修習政治學的學生而言，「黛妃與女皇」是一部了解內閣制國家民選領袖（首相）與虛位元首（女王）如何互動的電影，也是一部觀察國家領導人如何處理政治危機的佳作。本片主要是描述英國王室，尤其是女王——伊莉莎白二世面對廣受人民愛戴的黛安娜驟逝後的回應；同時也對應當時新任首相東尼・布萊爾（Tony Blair）如何處理這位人民的王妃的喪禮。女王與首相，一個是世襲君王，一個是民選首長，兩人因為對人民反應截然不同的認知，讓兩人的政治聲望有著天地般的差別。尤其是英國王室，差點因為對黛妃的冷漠，讓這個延續近千年的盎格魯・撒克遜（Anglo-Saxon）皇權的存廢再度被拿出來討論；而年輕的首相布萊爾，因為此事應對得宜，個人支持度大幅上升，讓他的首相之路有一個很好的開始。政府的危機處理，不單是處理危機的本身，有很大的一部分必須回應民眾對事件的感受，尤其是民主國家，政治首長都是民選產生，妥善掌握民意流向，藉著良好的溝通，反能將民眾的信任度轉換成施政的後盾，因勢利導，不但解除危機，同時也能推高個人的滿意度；反之，則是人民對政府的信心危機，連帶地對政府的行政能力產生質疑。

筆者還蠻喜歡電影一開始的場景設定，女王優雅挺直地端坐高椅上，紋風不動地讓畫師描繪她的肖像，但她眼神冷漠地看著電視報導年輕的工黨領袖布萊爾贏得首相大選的報導。

女王一邊看著電視報導，一邊與畫師聊天。

畫師：「我沒有投給布萊爾先生，因爲英國已經失去許多優良的傳統……」

女王：「顯然你不是現在改革派？」

畫師：「當然不是！因爲英國已經失去許多優良的傳統……」

女王：「我很羨慕你可以投票……樂趣來自能偏向某一方……」

畫師：「是的，您身爲一國之后，很多人都忘了您沒有投票權……」

女王：「沒錯！」

畫師：「但我不會爲您感到遺憾。您也許不能投票，但這仍是您的政府。」

畫師的回答似乎深獲女王的心，女王面帶驕傲地：「我猜這值得令人安慰。」

這幕戲只有短短幾分鐘，女王與畫師間也只有幾句簡單的對話，但呈現出來的氛圍是女王對布萊爾的工黨贏得大選的漠然，彷彿外面世界的變動與王室毫無關係。她仍然像她的祖先維多利亞女王（Queen Victoria）一樣尊貴莊嚴，但很諷刺地，這些王室的驕傲與傳統，在不久之後卻要彎下腰來尋求布萊爾支持，甚至要面臨王室瓦解的挑戰。

最老牌的代議民主國家

英國是代議制民主制度的發源地，早在公元一二一五年，約翰王（King John of England）在封建規則要求下，簽署《大憲章》（Magna Carta, the Great Charter），同意限制王權、尊重諸侯、議會制度隨後出現；到了公元一六八八年，英國國會罷黜信奉舊教的詹姆斯二世（James II），改立其女瑪麗二世（Mary II），第二年恭迎瑪麗及其夫婿奧蘭治親王威廉爵士（Willem III van Oranje）入主英國，促其簽署《權利法案》（Bill of Rights）：確立國王統而不治之地位，史稱「光榮革命」（Glorious Revolution）。此後，英國的政治就一直處於王權與貴族之間保持平衡的狀態（議會民主），政黨也開始出現。最早的輝格黨（Whig）與托利黨（Tory）到十九世紀演化爲兩黨：自由黨（Liberal Party）與保守黨（Conservative Party），二十世紀初工黨（Labour Party）成立，並且在第一次世界大戰之後取代自由黨的地位，此後工黨與保守黨的交替執政就一直是英國政治的常態。

雖然，英國民主政治起源於貴族向王室爭取平權，也只保障了貴族的參政權。但在一八三二年、一八六七年、一八八四年，國會漸次推動三次改革，將選舉權範圍逐漸擴大，最後所有成年男性均擁有投票權，一九一八年之後，女性也有了投票權（本書的另一部電影「女權之聲」將介紹這個主題），英國成爲民主政治最成功的典範。英國代議制要能成功運作的關鍵在於，國家元首（國王或女王）與民選首相之間都必須謹守分際，建立一定的信任感，任何一方過於強勢的作爲就可能釀成政治危機。

在布萊爾當選首相之前，英國已經由保守黨執政十八年，其中鐵娘子柴契爾夫人（Margaret Thatcher）執政期間，不僅帶領英國贏得了福克蘭戰爭，還大力推行國營化企業私有化政策，並與中國簽訂交還香港的聯合聲明，是二十世紀連任最久的英國首相，有「鐵娘子」（Iron Lady）的美譽。而她的傳記電影片名就叫「鐵娘子」，由美國影星梅莉・史翠普擔綱主演，還以此片獲得奧斯卡最佳女主角殊榮。

工黨出身的首相布萊爾，其所代表的政治文化不僅與之前的保守黨政府完全不同，更與英國王室形成一個極大的反差。他是英國有史以來最年輕的首相，當選首相時才四十四歲，他善於表達，不拘謹並富現代感，一直廣受媒體與人民歡迎，而他的妻子雪莉（Cherie Blair）則是廢除王室的支持者。這樣出身的兩人與對於講求儀節、身段的英國王室格格不入，可見一斑！

講求儀節身段的英國王室

接下來劇情安排了一段布萊爾上任第一天，夫妻首次單獨覲見女王的情節。這段充分展現了這兩個不同世代與出身的人，第一次面對面接觸時的不安與尷尬。

在接見布萊爾夫婦之前，女王與其扈從對布萊爾的教育背景評論一番，對其家庭教育頗不以爲然，同時也對布萊爾妻子雪莉生硬的宮廷禮儀嘲諷了一番。而布萊爾夫婦這邊也是心懷忐忑，他倆打從一進白金漢宮起，宮廷禮儀官就不斷地耳提面命，教導著如何稱呼女王、如何對女王鞠躬握手、絕對不能背對女王……等，那多如牛毛的儀節規矩。他倆面面相覷，雪莉對著布萊爾做鬼臉，大感不以爲然。

這些宮廷禮儀，令人想起另一部探究二戰時日本天皇責任的電影「日落眞相」（Emperor）。當時，道格拉斯．麥克阿瑟（Douglas MacArthur）覲見日本天皇，也被要求不得與天皇握手或碰觸、不得直視天皇的眼睛、不得踩到天皇的影子……等繁文縟節。東西方文化雖不同，但維持王室儀節的要求還都蠻一致的。

在這場女王與首相的會面中，女王對這位新首相擺足了威風。一見面，她就倚老賣老地對布萊爾表示，她歷經了十位首相，第一位首相是邱吉爾，在邱吉爾的指導下，她從一位羞澀的少女，成爲一個能夠妥善執行憲法賦予她的職權的女王，希望她這幾十年來的經驗，能給予政府建議、指導與警告。年輕的布萊爾雖然挾著民意當選首相，但在這個君主立憲的國家中，他也只能屈膝單腳下跪，要求女王下令授權他組成新政府。布萊爾屈膝請求女王授權其籌組新政府的小動作，正說明了整個君主立憲制的精髓：王室保留了形式上作爲國家元首的尊榮，但並沒有選擇首相的權力，只能被動地任命國會多數黨領袖組閣；首相雖然由人民直接投票選出，但仍然需要國王或女王的「加持」，才能開始治理國家。

但女王的威風在短短的四個月內，因爲黛安娜王妃的殞逝，面臨了進退維谷、狼狽不堪的處境。黛安娜這位深受英國人民愛戴的王妃，雖然在前一年（一九九六年）就與查爾斯王子離婚，但是她的魅力驚人，一直爲全球矚目。她的一舉一動、戀愛故事是狗仔隊追逐的焦點，而她精彩的花邊新聞，則讓保守的英國王室頭痛不已。

一九九七年八月三十一日，黛安娜王妃在狗仔的追逐車隊中，不幸在法國發生車禍，傷重身亡。事故當晚，查爾斯王子要求使用皇家專機探視黛安娜，但是女王以黛安娜已不是王室成員爲由，斷然拒絕。但在黛安娜傷重不治消息傳回來後，查爾斯噙著眼淚，向母親請求，女王才勉強同意派送皇家專機接回黛安娜王妃的遺體。

未能及時回應民意的王室

而在布萊爾團隊，得知黛安娜事故身亡後，幕僚就著手撰寫哀悼黛妃的演講稿，並以「人民的王妃」來定義黛安娜的一生。在當天早上，布萊爾在他自己的選區發表了一場懷念黛妃的感人演講。在全英國人民的一片哀傷聲中，布萊爾的演講，適時撫慰了人民的心，而「人民的王妃」頓時成爲各大小媒體的標題，布萊爾成了人民心聲的代言人，布萊爾的民意支持度飆漲到最高點。

而在英國王室這邊，仍然堅持著黛妃已經是外人，王室沒有理由爲其死亡發表任何聲明，也無意爲黛妃舉辦任何公開的喪禮，甚至爲了安撫兩位小王子喪母之痛，決定離開白金漢宮，前往貝爾摩勒宮打獵。

首相支持度上升與王室聲望下降，看似兩個無關的發展趨勢，但布萊爾卻在此時決定開始對王室施壓，要求女王正視外界對黛妃之死的哀悼之情，即使不能完全認同外界的看法，至少要擺個樣子出來。

從這個變化可以看出，民選政府與王室的關係絕對不能只是「相敬如賓」，在危機處理時反而更像是「命運共同體」。如果王室聲望持續下降，面對壓力的反而是首相：因爲只有他是人民選出來的。如果民意要求罷黜王室，他是否要處理？如果處理不當，其執政基礎就可能動搖。在多數內閣制國家，反對黨可以藉由發動倒閣來撤換首相，因此只要民意動向有利反對黨，就可能出現倒閣。對布萊爾而言，要求女王正視黛妃之死並做出回應，不僅是爲了挽救王室聲譽，也是挽救自己的政治生命。

黛妃的驟逝隨著時間，逐漸展現其在世界的影響力。各國政要紛紛發表了對黛妃的惋惜與不捨，而白金漢宮外對

1997年9月6日黛安娜王妃靈柩車隊經過聖詹姆斯公園（St. Jame's Park）的情形

來源：維基百科共享資源https://commons.wikimedia.org/wiki/File:Princess_Diana_Funeral_St_James_Park_1997.jpg

照片提供者：GaoJialiang

黛妃致意的花束，從四面八方湧來，英國人民對黛妃逝去的不捨，溢於言表。但王室對此變化仍是不知不覺，依舊認爲以黛妃的身分，應以私人喪禮下葬；但布萊爾政府爲了回應民意，決定應舉行如王室般盛大的公開喪禮。

新政府的決定，無疑是給女王難堪。當祕書向女王報告，新政府仍決定要爲黛妃舉辦公開喪禮，而且還是以如同皇太后般的規格舉辦。此幕最精彩之處是飾演女王的海倫．米蘭表情的變化，當她聽到祕書支支吾吾的報告，女王頹喪的表情，完全不同於電影一開始的驕傲自信，海倫．米蘭將女王那種必須自我克制的失落感演得絲絲入扣。原來，女王最引以爲傲的皇家尊嚴，如此禁不起民意的挑戰，她甚至不能移動在白金漢宮前，堆積如山的哀悼花束。

不過，公開的葬禮仍然無法平復人民的情緒。人民對於王室對黛妃的死不聞不問，毫無作爲感到憤怒。他們認爲王室冷血，推崇黛妃才是人民的國王、王后。他們甚至要求，白金漢宮應該降半旗悼念黛妃。但實際上白金漢宮的旗子僅表示女王在宮內，如果不在宮內就不會升旗。這面旗子從沒有降過半旗，溫莎王室四百年來就算是國王或女王駕崩也不會降半旗。電視媒體將王室塑造成冷血怪獸，黛妃則是王室冷酷體制下的受害者。但此時，布萊爾反而同情起女王，他對於人民、媒體的無限上綱地扭曲女王感到荒謬。畢竟這個在位五十年的女王，貢獻她的一生給英國，是她帶領英國走過二戰的陰影。

面對媒體排山倒海對王室質疑的聲浪，布萊爾不得不出面勸說女王應該回到白金漢宮面對人民，對黛妃的死致意，以平復人民的哀傷。但是女王認爲，人民的反應完全是媒體的煽風點火；她相信，英國人民最後會選擇平靜地在私底下默默哀悼。平靜與尊嚴，才是英國人的本色。

雖然女王面對布萊爾的請求，不假以辭色。但在片中，導演安排了整齣戲中最詩意與感性的一場戲，來表現女王心情的轉折：

女王在打獵的途中，因爲吉普車拋錨，而陷入河中，在一個人等待救援的時候，她暗自啜泣了起來。在她哭泣的同時，一隻有著十四個叉點巨大鹿角的公鹿走進她的視線，她不禁驚嘆起牠的美麗與雄偉。突然遠處響起一聲槍響，女王急著叫公鹿快跑，公鹿成功逃脫，女王鬆了一口氣。布萊爾再度

資深女星海倫・米蘭將女王的角色演得維妙維肖
來源：IMDB電影網站http://www.imdb.com/title/tt0436697/mediaviewer/rm303470592

急電給女王，要求女王必須盡快回到倫敦，因爲有高達七成的民眾認爲，女王已經危害到君主制度。最後，女王終於決定回到白金漢宮面對人民，並發表演說。但同時間，她發現那隻她在河邊遇到的公鹿被射殺了，她急忙地找到獵户，並看到那隻有巨大鹿角的皇家公鹿被砍下頭，預備做成標本的屍體，而射殺牠的是一位由倫敦來此做客的銀行家。

這場戲充滿著想像與隱喻，發人深省。那隻美麗又雄偉的皇家公鹿可以視爲是皇權，過去在皇家的獵場，只有貴族才能競逐，但牠現在卻被做客在山莊中的平民資本家所獵殺，象徵著皇權終究要殞落在平民百姓的手裡。同時，也可視爲在這場媒體追逐的遊戲中，王室終究是被追逐的獵物，難逃一死。

最佳危機處理典範

從布萊爾要求女王對黛妃之死公開表達哀悼之意，到王室最終順應民意回到白金漢宮的過程，剛好就是一則典型的危機處理範本：決策者必須在危機出現之後設立停損點，避免媒體及民意的渲染讓危機擴大，並且找尋出合適的解決方法。

當女王車隊回到白金漢宮，她緩緩下車，走入圍繞著白金漢宮的花海中，仔細看著人民哀悼著黛妃的卡片，她面無表情地看著卡片上，人民寫給她的惡毒語言，女王自始至終不發一語。對於她對人民致詞的講稿，縱然被布萊爾的幕僚修改，她也完全接受；但可以看得出，女王對於這一切仍然不能接受，她的妥協，僅僅是想安撫人民的情緒，挽救王室岌岌可危的支持率。

在電影最後，布萊爾再度到白金漢宮向女王報告國情，兩人回憶起黛妃去逝那一週發生的種種，布萊爾尷尬地向女王道歉，表示當時無意操控女王的作爲。女王驕傲的回應：「完全不會！」但女王也明白表示，她一直無法理解當

女王與夫婿菲利浦親王觀看民衆獻給黛妃的弔唁花束
來源：IMDB電影網站http://www.imdb.com/title/tt0436697/mediaviewer/rm521574400

時發生的事，她過去從沒被人民那麼痛恨過，她感嘆現代人只喜歡灑狗血的華麗表演，而那是她一向不擅長的事。她寧可把感情藏在心裡，她以爲這才是人民所要的女王，一個不灑狗血，不作秀的女王，而這也是她從小所受的教養。不過，女王也警告布萊爾，過去媒體對她的羞辱，總有一天也會換成他，而且那一天一定會無預警的來到。

本片推出之時（二〇〇六年），適逢英國各界開始討論王室是否有繼續存在的必要。查爾斯王子的緋聞、其他幾位王子、公主結婚又離婚的花邊新聞，讓王室飽受批評，外人無法理解英國這個全球最老牌民主的國家，爲何還要讓人民花錢供養王室。不過，多數英國人仍然對君主制忠心耿耿：據英國廣播公司（BBC）在二〇〇八年委託民調機構所做的一項調查顯示，約百分之七十八的民衆認爲，英國應該繼續保有王室；百分之八十的被訪者則認爲，英國在三十年內應該繼續實行君主制。這樣的高支持度，無疑與伊麗莎白女王的努力有關。在過去六十五年來（一九五二年即位），女王在英國人心目中，一直是國家團結的象徵，其端正品行、節制有禮的形象，成爲英國的最佳典範。即使和黛妃光芒四射的形象有如天壤之別，從電影中也可看出王室成員生活有點不食人間煙火，但女王的智慧與能屈能伸的危機處理能力，仍然讓人折服。這種在特殊環境下孕育出來的國家元首特質，或許是英國王室制度能歷經數百年而能不墜的眞正原因。

4

統一後德國懷「共」情結的代表之作——再見列寧（*Good Bye, Lenin*）

你們東德人永遠不滿足，總愛牢騷和抱怨！
你們西德人卻漠不關心！！！

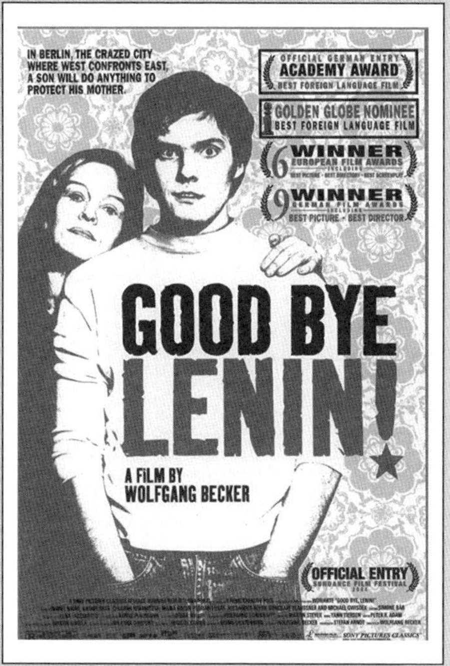

德國／德語
二〇〇三年出品

導演：沃夫岡·貝克（Wolfgang Becker）
編劇：沃夫岡·貝克（Wolfgang Becker）、貝爾德·力頓伯（Bernd Lichtenberg）
來源：IMDB電影網站http://www.imdb.com/title/tt0301357/mediaviewer/rm802921728

柏林圍牆倒塌：二十世紀最具戲劇性的事件

一九八九年底，發生在東歐的變化是二十世紀人類社會最具戲劇性的一段歷史。當年秋天，東德共產黨政府面對國內人民大量出逃西德、國內經濟與社會秩序接近全面崩潰邊緣，最後在十一月八日決定開放象徵共產與自由世界邊界的柏林圍牆，讓人民自由進入西柏林。此一決定開啓了一連串的骨牌效應，東歐各國共產政權紛紛垮台。一年後，德國宣布統一；兩年後，全世界最老牌的共產黨政權蘇聯也宣布廢棄共產制度，冷戰正式結束。

對絕大多數人而言，冷戰結束與共黨政權垮台是值得高興的一件事。畢竟蘇聯所建立的那套政治制度基本上是高舉共產黨專政的旗幟，一方面剝奪人民言論自由與政治權力，同時輔以祕密警察監控的方式來統治。在經濟上，蘇聯及其他共產國家採取計畫經濟制度，由國家調控整體經濟發展。缺乏市場與自由競爭的結果是民生凋敝、經濟發展停滯不前，共黨專政統治下的社會遠遠落後自由世界。不過，東歐共產政權垮台是否是所有人都期待看到的結果？引入西方自由市場與競爭機制是否眞的讓所有人高興？這就不一定了。「再見列寧」就是這麼一部檢視東西德統一之後，東德人如何看待自身遭遇變化的電影。

本片雖然是以列寧爲片名，但卻與列寧沒有直接的關係，而是以此象徵共產主義的崩落，以及一個時代的結束。「再見列寧」講的是一個東德家庭面對國家統一的大時代變遷，主題非常嚴肅，但導演卻採用了喜劇的手法包裝，讓觀眾在輕鬆愉快中，了解當時東德人在統一前後的心理狀態，可說是一部非常出色的黑色喜劇。

電影中的故事肇始於忠黨愛國的母親克莉絲婷（Christiane）在東德政權的最後幾天突然心臟病發作昏迷，等她甦醒後，已是兩德統一前夕，傳統東德早分崩離析，取而代之的是西方資本主義的消費生活。

但是，孝順的兒子亞力（Alex）怕母親再度受到刺激，謊稱日子一切都沒

主角亞力的母親克莉絲婷因為心臟病發作而失去記憶，醒來後東德共黨已經垮台
來源：IMDB 電影網站http://www.imdb.com/title/tt0301357/mediaviewer/rm919771392

變。爲了重建原來東德的生活，亞力在垃圾堆中找尋東德時代的產品。從這裡也可看出，當時東德社會幾乎是全面擁抱西方文化，原來東德時代流行的產品幾乎都被淘汰掉。除了物質重建，亞力還必須防堵無孔不入的資本主義氣息，例如，窗外的可口可樂的大型招牌。爲了自圓其說，亞力製作假新聞錄影帶，振振有辭的宣稱，政府發現可口可樂的配方是來自東德，藉以欺騙母親。

電影在角色安排方面頗具巧思，家中父母姐弟四個角色，分別代表了東德人民面對統一後對西方文化的不同思維，各具代表性。父親羅伯特（Robert）在東德時期因堅不入黨，遭受迫害，早在統一前十年就投奔西德，他也早已融入西德的主流社會中；母親則是一個忠貞愛國的東德黨員，完全服膺黨的領導；姐姐亞麗雅娜（Ariane）則是隨波逐流，統一後也最快適應西方生活，不但馬上去連鎖漢堡店上班，也交了一個資產階級男朋友；而劇中的弟弟，也就是故事的主人翁亞力，他一直對統一後西方價值觀所追求的事業成功、金錢物質感到迷惘，從而懷念起東德時期的純樸與和諧，也因此電影到最後，他其實也分不清他是爲了母親，還是自己去重建東德的生活。

電影回到一九七八年八月二十六日，年幼的亞力與姐姐亞麗雅娜倆眼睛直挺挺、全神貫注地盯著電視螢幕，電視正播映著東德歷史性的一刻，亞力的偶像、全國第一個太空人西格蒙德．雅恩（Sigmund Jähn）意氣風發地登上火箭，隨後火箭成功地發射，登上太空。在這個東德人歡欣鼓舞的時刻，亞力的家卻遭逢巨變，他的父親逃到西德，拋家棄子投奔西方資本主義。自此，他的母親像失了魂般，不言不語，之後被送進醫院治療。

但在八個星期後，母親被送了回來。回家後的母親，把父親的所有東西一掃而空，全部丟掉，對父親的事隻字不提，從此再也不提父親的名字。母親像把自己嫁給了社會主義祖國般，變成了社會運動的激進主義者，一個關懷人民的狂熱改革者，最堅貞的黨員。母親的投入，讓她成爲模範黨員、國家傑出的公民。而亞力也持續做著他的太空人之夢，年幼的他，一直堅信未來他一定會是個優秀的太空人，會在浩瀚的太空中，對著在地球上的母親揮手。

冷戰時期的地標——柏林圍牆

蘇聯在二次世界大戰結束之際，占領了東歐各國，並且參與戰勝國對德國的瓜分。一九四九年蘇聯在其占領區成立「德意志民主共和國」，而美國、法國、英國的占領區則成立「德意志聯邦共和國」，德國被劃分成兩個不同國家，其首都柏林也被一分爲二。蘇聯占領區（東柏林）成爲東德的首都，而西方占領的西柏林成爲自由世界在共產世界中的孤島。一九六一年，東德政府砌起柏林圍牆，以防止人民逃亡西柏林。此後，該圍牆就成了自由世界與共產世界勢力劃分的象徵。兩邊除了政治制度不同之外，還分別組成軍事同盟彼此對抗，美國與西歐各國建立北大西洋公約組織，而蘇聯與其附庸國則成立華沙公約組織。

在蘇聯勢力範圍內的東歐諸國，並不是沒有想要反抗。一九五六年匈牙利人民起義，遭到蘇聯無情鎮壓；一九六八年捷克斯洛伐克領導人亞歷山大・杜布契克（Alexander Dubček）發動民主改革，再度遭到鎮壓，稱爲「布拉格之春」運動。而東德（德意志民主共和國）在東歐各國中算是最聽話的政權，其領導人一直對蘇聯言聽計從。而蘇聯給予東德的支持也最多，包括：把東德人西格蒙德・雅恩送上太空，成爲蘇聯盟友中第一個有人進入太空的國家。這或許是因爲東德是冷戰東西方對峙的最前線，旁邊有個美國扶植的西德政權作爲「對照組」，作爲社會主義的樣板，當然不能輸。

時序跳到十年後的一九八九年十月七日，是東德四十周年國慶。但此時的東德社會卻產生質變，各城市爆發大大小小的抗議活動，要求政府更開放、更民主、改善經濟……等。執政黨統一社會黨在首都柏林舉辦盛大的慶祝活動與閱兵典禮，亞力的母親受邀參加表揚。但在同時，柏林市民發起抗議政府的遊行，亞力也參加了遊行，政府派出大批的警察強力鎮壓，用粗暴手段破壞遊行、逮捕抗議民眾，母親在參加典禮的途中，看到警察棍棒齊飛毆打人民，她想去制止，但當她看到亞力被逮捕，眼前一黑，昏倒在街頭。

亞力被釋放後，趕到醫院看母親，醫生表示她因爲心臟病發作，沒有及時急救，導致嚴重昏迷，不確定是否會醒來。不久，東德總理與統一社會黨秘書長埃里希·何內克（Erich Honecker，或翻譯爲昂奈克）宣布辭職，各種促進東德改革的抗議活動不斷的進行，但是亞力的母親依舊昏迷不醒。東德的各項改革開放政策陸續進行，一九八九年十一月九日，柏林圍牆在當時的統一社會黨中央政治局委員君特·沙博夫斯基（Günter Schabowski）的命令下，宣布開放。數以萬計的市民歡欣鼓舞地走上街頭，拆除圍牆，過去分隔東西德的象徵——柏林圍牆，從此崩塌，東西柏林的市民自此暢行無阻。

電影中使用了許多當年柏林圍牆開放與東歐共黨政權崩潰時的新聞影片，觀眾可以透過這些片段稍微了解當時事件發展的過程。在一九八九年十月之前，東德政權已經由埃里希·何內克統治近二十年，他的妻子則是東德的教育部長。此人意識形態保守又親蘇，對內全力鞏固計畫經濟，同時抓緊政治控制，但在對外關係上他嘗試與西德共存，在其主政下兩德簽訂基礎條約，東德開始與西方國家建交，並加入聯合國。不過，到了一九八〇年代後期，由於國內經濟情勢越來越壞，人民出逃西方的數量越來越多。一九八九年十月七日，東德政府爲了慶祝建國四十週年，還特別舉辦閱兵大典，蘇聯領導人戈巴契夫（Mihail Sergeyevich Gorbachov）也特地前來參加此一慶典。不過，這些都已經無法再掩飾東德政權的脆弱。在全國各地示威遊行不斷的情況下，何內克最終在一九八九年十月十七日被迫宣布辭職，三個星期後柏林圍牆正式開放。後來很多觀察家認爲，象徵改革開放的戈巴契夫在十月初到訪東柏林，反而振奮了民主派的士氣，而且他很可能在這個場合私下告訴何內克，蘇聯不會再支持東德政府以高壓統治方式來維持政權。

1989年柏林圍牆開放，導致東德共產政權垮台

來源：維基百科共享資源https://commons.wikimedia.org/wiki/File:West_and_East_Germans_at_the_Brandenburg_Gate_in_1989.jpg

會的聲色犬馬，但也都樂於去體驗。

一九九〇年三月十八日東德舉行史上第一次民主選舉，新政府開始與西德政府簽署國家條約，兩德逐漸拉近國家統一。這些改革與開放，衝擊著東德人的生活，他們驚訝於資本社會的聲色犬馬，但也都樂於去體驗。

亞力常常騎著摩托車到西柏林泡酒吧，也放棄了當太空人的夢想，改幫人裝設衛星電視；而他的姐姐亞麗雅娜則放棄上大學，跑到美國漢堡連鎖店漢堡王工作，也交了餐廳經理當男朋友。這些國家與家庭的改變，昏迷中的母親都沒能趕上。

拜世界盃足球賽舉辦所賜，這個東西德國人都喜愛的運動，讓亞力衛星電視的推銷工作做得有聲有色。剛開始，推銷衛星電視時都碰閉門羹，但是一講到可以看足球轉播，大家都樂於掏腰包。在電影中，東西德人民在剛開始接觸時有許多的隔閡與磨擦，但在看世界盃時，當德國隊擊敗英國，進入決賽時，東西德民眾不分你我，同樣歡欣鼓舞。而兩德統一當年，德國正巧贏得世界盃足球賽，因此亞力不禁感嘆：「足球讓分裂的社會合而爲一，也讓本是同根生的兩德復合。」

重建東德時代的生活

一日，在醫院昏迷了八個月的母親，奇蹟似的甦醒了過來。但醫生告訴亞力姐弟倆，母親的狀況很不好，目前的知覺很混亂，過去的一些記憶可能都已經喪失，任何的刺激都會對她的生命造成威脅，而她的生命可能只剩幾個星期。亞力深知母親是如此的熱愛社會主義的東德，他實在不忍心告訴母親過去的東德已經結束了。為了避免母親再度受到打擊，他決定假裝東德的一切都沒有變，為了隔絕母親對外接觸，亞力不顧姐姐的反對，決定將母親從醫院接回家。

為了迎接母親回家，亞力清理掉家中所有西方資本主義的產品，將母親的舊房間布置成八個月前的模樣。他開始尋找過去東德所生產的咖啡、罐頭品牌、麵包，但東德的一切，竟然消失得如此快速，過去隨手可見的產品，現在都買不到了。西方超級市場取代了東德傳統商店，商場內充斥的是來自歐洲各國的商品，亞力不得已只能在垃圾堆中尋找過去的商品，將這些罐頭洗淨，重新裝填，一切都是要讓母親認為東德一如往日，日子照舊。

雖然可以複製過去的物品來欺騙病床上的母親，但是當母親要求看電視時，這可真的把亞力給難倒了，電視一開，不就把他營造的假象全給戳破了嗎？亞力絞盡腦汁，陷入困境。他的夥伴丹尼斯・杜馬舒科（Denis Domaschke）幫他出了個主意，他叫亞力拿東德舊節目錄影帶來放，亞力直呼這樣難道不會被發現嗎？丹尼斯老神在在地回應：「應該不會，這些節目總是千篇一律！」

丹尼斯說的話雖然誇張，卻也八九不離十。在極權的社會，電視只是政府的宣傳工具，少有娛樂功能。

亞力的夥伴丹尼斯最大的心願是當電影導演，在幫人裝設衛星小耳朵後的餘暇都在拍攝影片，對於亞力的煩惱，卻激起他自製影片來唬弄亞力母親的念頭。電影中有一段他得意地拿出自己剪接的影片給亞力看，內容是一段朋友的婚禮中新娘將花束拋到空中，然後是一個蛋糕出現的畫面。這是模仿好萊塢著名導演史丹利・庫伯利克（Stanley Kubrick）的電影「二〇〇一太空漫遊」（2001: A Space Odyssey）中一段最神來一筆、也最經典的剪接。就是原始人類將骨頭拋到空中後，下一個鏡頭裡出現太空船（被稱爲電影史上時間跨度最長的兩個鏡頭）。不過，亞力顯然沒搞懂他的夥伴在玩什麼把戲。

當東德社會被西方生活方式全面襲捲的同時，亞力卻不斷複製著舊東德時代的生活，但是再怎麼嚴密防堵，資本主義的空氣仍無孔不入地滲透進來。不能下床的母親，還是能從房間的窗户看到對面的大樓，紅豔豔地掛上最資本主義的象徵——可口可樂的大招牌。當她問亞力到底發生了什麼事時？亞力只能訥訥地推說：「這一定有原因的。」

隔天，亞力馬上找丹尼斯製作假新聞報導。在新聞中記者宣稱，可口可樂的原始配方源自於一九五〇年代東德實驗室。因此，可口可樂公司失去配方的專利，所以不得不與東德合作生產可樂，在報導中，還出現可口可樂公司阻撓記者報導的惡形惡狀，當然這些都是亞力與丹尼斯的自導自演。只不過他們複製過

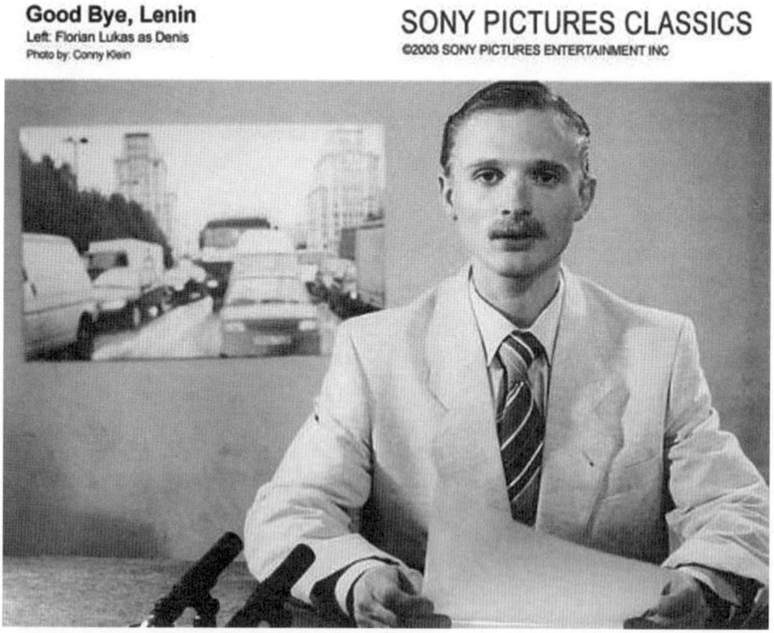

亞力的同伴丹尼斯自己扮演電視主播

來源：IMDB 電影網站http://www.imdb.com/title/tt0301357/mediaviewer/rm114465024

去東德時代慣用的宣傳語法，製作這樣的報導。母親看了新聞，對於可口可樂竟來自於東德，也感到驚訝，而亞力與丹尼斯對自己的傑作沾沾自喜。

亞力爲了營造東德生活情境，越來越走火入魔。他不但要求姐姐的穿著要如同東德時代一樣，他還說服母親過去的老朋友，過來跟母親聊天，聊著黨的一切；還有，賄賂母親過去的學生，繫著藍領巾，猶如過去的「少年先鋒隊」，站在床前，對著她唱歌。看著亞力瘋狂的舉動，姐姐亞麗雅娜再也忍不住，她對亞力抱怨：「再繼續下去，我眞的會瘋掉。」但，亞力嘲諷著回應：「在東德二十年，我們也沒變瘋！」姐弟倆在脣槍舌劍中大吵了起來，姐姐情緒失控，才說她今天在漢堡店工作時，看到了離家多時的父親，但父親卻沒有認出姐姐。

母親的狀況越來越好。一日，母親在亞力昏睡時，自己走出家門，她看著電梯裡隨興的塗鴉、街道上西德人、各種廠牌的汽車、商品廣告，甚至是女人內衣廣告的圖片，讓她訝異過去那個謹愼、節制、保守的東德社會跑到哪裡去了？當她看到直升機將一座巨大的列寧雕像搬走，她不禁質問亞力與亞麗雅娜：「這裡發生什麼事？」

亞力繼續跟丹尼斯製作假新聞，宣稱偉大的總理何內克同志展現東德的慷慨與慈悲胸懷，給予西德人政治庇護，並承諾給每個來到東德的西德人二百馬克的「歡迎費」。因爲淒涼的前景、高失業率與新納粹興起，引起西德人的憂心，紛紛逃離資本主義投奔東德祖國以追求新生活，而這些新聞片段其實是當時東德人逃到西德的影片，而西德政府確實也發給逃出鐵幕的東德同胞一筆錢當歡迎禮。亞力的假新聞，似乎說服了母親。

在一次的出遊，母親如迴光返照般，對著亞麗雅娜與亞力姐弟倆談起父親。她說，父親並不是因爲其他女人才留在西德。他是因爲不願入黨被迫害，才不得不逃到西德。但是，因爲自己的怯懦，不敢帶著姐弟倆申請出境簽證，所以母子三人才一直留在東德。而父親過去一直有寫信給姐弟倆，但都被隱瞞起來了……母親也說出她目前最大的心願，就是再見到父親一面，當初沒有隨著父親一起離開，是她這一生最大的錯誤。母親說完這段往事後，當晚病情急速惡化，亞力決定去找父親。但他的父親早已另組一個美滿的家庭，亞力拜託父親配合演出，假裝他潛回東德，來探視母親。但事實上，亞力的女朋友早在之前就將整個事實和盤托出，讓母親了解東西德已經統一的事實。一直到母親死前，都沒有戳破亞力的白色謊言。

東德人對西方價值的迷惘

亞力雖然是爲了母親才製作這些假的新聞報導，但到最後，這些營造的假象，卻也是寄託了他對東西德合併後，對西方自由競爭主義的抗議與對東德傳統價值的緬懷。就如他自己製作的新聞報導所言：「並非每個人都想要追求事業與金錢，競爭主義並非適合每個人。人民渴望一個不同的生活，他們明白世上還有很多事物，比汽車、錄影機、電視更重要……」

這部電影於二〇〇三年在德國上映時，獲得極大的成功。此時，已經是東西德正式統一後的第十三年。這時間差不多也是原東德人對統一後生活的重新檢視，尤其在歷經西方資本主義的自由競爭，仍有許多人對新社會格格不入。因此，有人開始懷念起過去的生活，一些象徵東德元素的東西開始被提起、模仿與複製，而這些對過去東德事物緬懷留戀的症狀，德文就叫爲Ostalgie（東德情結），這個字來自德語中Ost（東）和Nostalgie（懷念）兩字的合併。雖然東德共黨政權許多作爲都違反人性，但是其計畫經濟卻創造出一種「平均」的假象，一般人民對於物資缺乏的現象習以爲常，超市貨架上只有少量產品，要購買奢侈品如汽車等，必須等候多年才能排到。像亞力母親及其過去同事等對政權死忠的人時常受到黨的表揚，因而更認定自己的信仰，在德國統一之後失落感更爲嚴重。生活在共黨統治下的東德當然並不美好，有興趣的讀者可以從另一部德國電影「竊聽風暴」（The Lives of Others）看到共黨高官的腐敗行爲，以及祕密警察監控人民生活的恐怖行徑。

「再見列寧」全片完整呈現出濃濃東德懷舊氣氛，導演透過嚴謹的考據，忠實呈現當時人民生活、政治參與狀態；加上翔實細膩的背景道具，例如，過去東德代表商品「斯博特醃瓜」、「金摩卡咖啡」、「福林硬麵包」與「拖笨汽車」的重現……等。因此，此片被視爲「東德情結」的代表作。

5

在中國政治動盪下平凡百姓的故事——活著（*To Live*）

小雞長大了就是鵝，鵝長大了就是羊，羊長大了就是牛。牛之後了呢？
牛之後就是共產主義了。
千好萬好，活著就好！

中國／華語
一九九四年出品

導演：張藝謀
編劇：余華、蘆葦
來源：IMDB電影網站http://www.imdb.com/title/tt0110081/mediaviewer/rm3308064000

中國至今仍對電影採取審查制度，未經行政部門電影審查機構審查通過的電影片，不得發行、放映、進口、出口，加上其一九四九年迄今，一直實行威權政治體制，因此即使其電影產業蓬勃發展，要找到一部觀察社會變遷爲主題的電影，並不容易。尤其涉及意識形態的電影，多半是官版的政治宣傳片，例如，「建國三部曲」（建國大業、建黨偉業、建軍大業）等所謂「主旋律」電影。這類型電影因爲明星爭相表態，通常是卡司堅強、場面浩大的大製作，但內容只能對黨國元老歌功頌德，毫無批判性與藝術價值可言。雖然，在這樣的壓抑氣氛下，也偶有幾部佳作，例如，田壯壯的「藍風箏」，從一個北京小男孩角度講述其成長過程，故事背景設定在一九四九年到文革之間，剛好是各類政治運動最興盛的時期，因此電影充滿著國家體制和錯誤政策，對平民百姓帶來苦難。二〇〇六年由婁燁導演的「頤和園」則講述一九八〇年代末期，在北京讀書的一位女大學生經歷，描述天安門事件後失落的一代，因爲劇情涉及六四天安門事件，該片不僅被禁止放映，導演與製片人也連帶被處罰五年內不得拍片。

至今仍是禁片

「活著」也是一部至今在中國大陸無法放映的禁片。這部片改編自中國知名作家余華一九九三年出版的同名小說，描述小人物徐福貴歷經國共內戰、人民共和國建立、大躍進以及文化大革命的時代動盪。他雖然順從、隨波逐流，但殘酷的命運卻不放過他，對他而言，對生命的期望，只剩下能活下來的卑微。雖然電影中並沒有任何批判的字眼與畫面，但仍被視爲諷刺政府，所以推出後一直未通過審查。此片雖從未在大陸公映過，海外倒是可以自由觀看，筆者於一九九〇年代末期在美國讀書擔任助教時，常以這部電影作爲「當代中國政治發展」課程的輔助教材，老師、學生都反映不錯，皆認爲是理解中共建政初期社會變化的一部好電影。

中共在一九四九年十月建國，宣布成爲社會主義國家。其政治體制大致上模仿蘇聯，也就是由共產黨進行「專政」，體制內所有人與機構都必須服從共產黨的領導。在經濟上，中國也仿效蘇聯建立計畫經濟體制，全面消滅私有化與自由市場，企圖由國家來主導國民經濟的運作。在本片中可以看到共產黨專政和計畫經濟全面運作下的社會樣貌。不過中共建政初期最特別之處，是領導人推行了各類大大小小的政治運動，藉由這些運動來進行社會動員並貫徹政令，但在這個過程中出現非常多荒謬的現象。政治整肅也非常普遍，觀眾可以在劇中一一看到這些運動對一般百姓的影響。「活著」這部片的劇情是依照四〇、五〇、六〇年代，以及其後等四個時序依次推進，每個時序緊扣著當時中共主要推行的運動，其中對每個運動底下的庶民生活有非常寫實的描述。例如，五〇年代大躍進，人民在公社的大食堂共食、在鎮上起大爐灶土法煉鋼；或是六〇年代文化革命，新人結婚時以毛主席語錄當聘禮……等。

導演張藝謀很巧妙地透過福貴阿Q式的人生觀，將大部分老百姓面對國家機器的莫可奈何與苦悶，不慍不火地呈現。整部影片調性就像主人翁福貴的性格，隨遇而安、逆來順受，而這種無聲的悲哀，卻更直搗人心。因此，「活著」被視爲張藝謀藝術成就最高的作品，飾演男主角福貴的葛優，將福貴這個角色演得有血有肉，成爲影史上的經典角色。此片更獲得一九九四年第四十七屆坎城電影節評審團大獎和最佳男演員獎。

故事開始於四〇年代的中國，背景未說明發生在哪一個城鎮。雖然，當時國共內戰已經打得如火如荼，但戰火的硝煙似乎還未瀰漫到這個寧靜的小鎮，鎮上賭館仍然人聲鼎沸，高朋滿座。大少爺福貴坐在賭館與皮影戲班主龍二兩人互對著搖骰子比大小，骰盅一落桌，中人將骰盅一開，馬上對著福貴：「福貴少爺，您又輸了」，福貴哀叫了一聲，抱怨輸了一晚，但也不引以爲意地要來帳本，將賭債記在上頭。他在帳本上簽名時，還洋洋得意地自嘲自己因爲簽的帳多，字也練得大有長進。簽完帳，不顧輸了一屁股債，福貴開始跟龍二抱怨台上的皮影戲唱得比驢叫還難聽。他跑去後台，抱起二胡，自顧自地拉起嗓子，唱著淫靡戲詞，皮影人偶也跟做著猥褻動作，引得台下賭客鼓掌叫好。賭了一夜的福貴，在天朦朧亮才步出賭館，家裡的胖僕婦在館外等了一晚，才將疲憊不堪的少爺揹回家。

福貴一踏進家門，就被老子連聲咒罵，罵他王八蛋，再這樣折騰，整個家底將被倒騰光了。但是福貴不示弱，馬上回嘴：「沒有老王八蛋，哪來小王八蛋！我跟誰學好去？……當年有名的徐大混蛋，不是我！」

對中國舊社會的深刻描寫

張藝謀的電影在刻劃中國傳統封建社會迂腐、守舊的一面最爲深刻，像是「大紅燈籠高高掛」、「紅高粱」、「菊豆」等片將舊社會光怪陸離、腐敗的一面描繪得絲絲入扣。例如，在「大紅燈籠高高掛」中，男主人妻妾成群，他要臨幸哪一房，就點哪房的燈籠；太太叫婢女呑糞紙，婢女就得呑，種種封建的作爲與清宮戲如出一轍。在本片「活著」中，年輕的少爺自己不走路，也不坐人力車或轎子，卻偏偏要家裡的胖僕婦揹著回家，這種詭異的習慣，也令人大開眼界。但是，導演張藝謀在電影開頭的幾分鐘，藉著賭館、戲台、前呼後擁的奴僕、鬥雞走狗的少爺的描寫，成功塑造出福貴玩世不恭、不學無術的個人特質，也將衰敗中的中國，那股腐朽的氣味描繪得入木三分。這比他後來執導強調中華民族復興的所謂大片「滿城盡帶黃金甲」、「十面埋伏」更具深度。

妻子家珍苦勸福貴不要再賭，但福貴不爲所動，一天到晚往賭場跑，最後，在皮影戲班主龍二的設計下，他終於將唯一的房產輸給了龍二。當天晚上，懷孕的妻子家珍帶著女兒鳳霞到賭館鬧著要跟福貴分手，福貴勸不過，只能眼睜睜看著家珍與女兒坐上人力車離去。家珍離去的那一幕的氣氛，跟美國電影「亂世佳人」男主角白瑞德離開女主角郝思嘉如出一轍，都是在濃霧中看著自己的愛人絕望而去，有著淒愴的美感。不過，這是題外話。當龍二拿著賭債上門要房子抵債，福貴的父親，氣得拿著枴杖追著福貴打，但在追打時，突然昏了過去，從此一命嗚呼。最後，福貴帶著老母親被掃地出門。

家破人亡的福貴大徹大悟，從此認命不敢再賭，他在街頭做起小買賣。知道福貴洗心革面的家珍，抱著剛出生的兒子有慶與女兒鳳霞，回頭找福貴團聚。福貴與家珍兩人思索著做點小生意，但手頭的錢不夠，福貴找皮影戲班主龍二周轉，龍二早已停了戲班的營生，他轉而勸進福貴，不如接手他的皮影戲班，他願意將他的一箱皮影戲行頭全借給福貴，要福貴借錢不如自己掙錢。自此，福貴開始了他皮影戲生涯。

在政權更替下夾縫中生存的老百姓

一日，福貴率著戲班到鄰近村落演出，表演正熱鬧時，一根軍用刺刀突然劃破影窗，福貴從影窗探頭出去，發現整個村莊的人，全被國民黨軍隊俘虜。福貴與整個戲班當然也全被捉了充當軍伕。雖然，跟著軍隊移防遷徙的過程很辛苦，但是福貴還是把皮影戲箱寶貝地帶在身邊。因為，他指望著將來回去跟妻女、母親團圓時，還能以皮影戲為生。跟他一同被俘的春生，則是看著軍隊的吉普車，心裡非常豔羨，希望有一天能風風光光地駕駛汽車。隨著國民黨軍隊節節敗退，福貴和春生也跟著一直撤退到新的戰線上。某日，春生在一個傷兵身上搜到一瓶酒，他倆就窩在戰壕裡喝酒，睡了個黑甜一覺，但隔天一早，當他們走出戰壕，發現國民黨軍隊早丟下傷兵撤防了。原來，解放軍已經打來了，福貴與春生不願再逃跑下去，他倆索性投降，他們望著被國民黨拋棄成千上萬的傷兵屍體，下定決心，一定要活著回去，而且回去後，一定要好好活著。兩人雖再度被俘虜，卻憑著皮影戲技藝，一路娛樂解放軍，跟著南下。

福貴與春生因戰爭而成為朋友
來源：IMDB 電影網站http://www.imdb.com/title/tt0110081/mediaviewer/rm4219281408

內戰結束後，福貴終於回到故鄉，春生則留在軍隊開汽車。但故鄉已物是人非，福貴的娘早已病死；女兒鳳霞也因生病變成聾啞人；妻子家珍在新政府的照顧下，被分配了一個送熱水的工作。新任的鎮長知道福貴回來了，來探望他，對他說起龍二將被公審的事。龍二因爲擁有福貴老家那套大宅院，被定了個地主的罪名，加上不願將那宅院充公，動手打了幹部，還放火燒了房子，成了反革命的壞分子。福貴上街看龍二的公審大會，最後龍二被判了個死刑，還被拉著遊街，最後五槍斃死於市街。福貴看到龍二的慘狀，嚇得直哆嗦，他想要不是當年輸了龍二，今天給五槍斃命的一定是他。他急忙回家問家珍，想知道家裡被黨定了什麼成分，家珍想了一會兒，說是「城鎮貧民」，福貴聽了大喜，直說：「貧民好，貧民好！」

電影這段相當傳神地說明了中共剛建政時期的一個重要政策：根據經濟狀況將全國所有人定出階級成分。定的標準主要根據其經濟情況與家庭背景，階級成分中有所謂的「紅五類」：工人、農民、商人、學生、革命軍人等五類人的統稱；另外還有「黑五類」，也就是政治身分爲：地主、富農、反革命分子、壞分子、右派等人，等於是政治上的賤民。這種階級成分的概念主導中國社會近三十年，到文化大革命時期進入最高峰。此一政策造成大量不公平的現象，例如，出身黑五類的遇羅克（父親是國民黨時代水電高級工程師），雖然從小到大成績優異，但連續三年都因成分因素，無法進入大學。後來，在文革期間以唯物論角度，撰寫出一系列批判文章「出身論」，立刻轟動全國，但卻被群眾公審處死。

時序到了五〇年代，共產黨政府推動「大躍進」運動。為了超英趕美，全國總動員大煉鋼。鎮長挨家挨户搜刮鍋碗瓢盆各種鐵器，準備在鎮上煉鋼。乖順的福貴一家人，早就準備好上繳的鍋碗瓢盆等著鎮長來收，但沒想到福貴最珍藏的皮影戲箱竟被兒子有慶拉出來捐獻，鎮長看著箱子，馬上要求福貴拆箱上繳鐵製扣件。家珍知道福貴心中不捨，她心生一計，問鎮長煉鋼工地上需不需要唱戲？鎮長也覺得這主意不錯，決定不拆那皮影戲箱，要福貴上工地給大家唱戲。

不但大人要煉鋼，小孩也要參加煉鋼，為了討好新來的區長，鎮上的小孩都被叫去學校煉鋼。家珍看著睡眠中的有慶，不忍叫醒，但是福貴深怕被扣上反政府的大帽子，硬揹著睡覺中的有慶去學校煉鋼。但當天晚上，卻傳來區長的車，因倒車撞倒學校圍牆，壓死了有慶，而最讓福貴痛心的是，那名新調來的區長，竟是當初曾與他患難與共的老夥伴——春生。

「大躍進」與「人民公社」都是中共在一九五〇年代末到一九六〇年代初，所發起的大型政治運動，二者與「社會主義建設總路線」統稱為「三面紅旗」。大躍進主要是鼓動人民以熱情在農業及工業上投入不切實際的生產建設，目的是希望能超英趕美，展現社會主義的優越性。電影中看到的煉鋼政策不僅眞的發生，而且是全國性的大運動，當時用「以鋼爲綱」的口號，號召全民煉鋼。連在農村也修建了土法的煉鋼爐，企圖在田野間煉出鋼鐵。但因爲缺乏技術，其結果是煉出一堆劣質無用的廢鐵，並對生態環境造成極大汙染。在農村方面，上面要求全面提升產量、放衛星，其結果是各地開始浮報產量。例如，一畝地平常可以生產約一千斤稻米，卻被報成「畝產十二萬斤」。這種虛報造假的風氣造成農牧產品大幅減產，國內經濟比例嚴重失調，一九五九年各地開始出現糧食短缺，這種情況一直延續到一九六一年，稱之爲「三年大饑荒」（官方委婉的說法是三年困難時期）。據估計，這段期間共有三千萬人餓死，這是中共建政以來，因政策錯誤所造成的巨大悲劇。筆者過去

大躍進運動中河南安陽地區礦車前往鋼鐵生產基地

來源：維基百科共享資源https://commons.wikimedia.org/wiki/File:Carriages_on_the_mine_field.jpg

原始出處：《中國攝影藝術選集》（1959）p10

在大陸進行研究時，曾聽聞親身經歷三年大饑荒的大陸學者回憶說：當時在鄉間有些人因爲沒有食物，最後只能吃一種稱爲「觀音土」的泥土充飢，據說吃了有飽足感，但吃多了會致命。

傷痕累累的「文化大革命」

歲月匆匆，到了六〇年代。毛澤東如火如荼地推動無產階級文化大革命，動員紅衛兵在各地進行階級鬥爭，在紅衛兵「革命無罪、造反有理」的口號下，許多舊社會的文物、建築、古蹟遭到破壞，師長、父母遭學生與子女「批鬥」。鎮長上門來勸福貴，將那箱皮影戲偶給燒了，福貴捨不得，他變著法子，向鎮長提議，或許他可以成立一個毛澤東思想皮影宣傳大隊，但是鎮長覺得皮影戲都是一些帝王將相、才子佳人，是典型的四舊，是反動的東西。順從的福貴，只能將這些皮影戲偶燒掉。

此時，鳳霞也長大了，但因爲是個聾啞，母親家珍很擔心她的婚事，鎮長介紹了城裡工廠的模範工人萬二喜給她，不過二喜是個瘸子。兩人在相親之後，倒也互相中意，兩人的婚事很快的舉辦，鳳霞被接到縣城去與二喜生活。區長春生也前來道賀，卻被家珍拒於門外。

二喜與鳳霞小夫妻倆日子過得和和樂樂，很快的鳳霞有了孩子。二喜很高興地回家擺桌向福貴與家珍倆老報喜，但二喜也悄悄告訴福貴，春生被控爲走資派給揪了出來，被批鬥了一番，二喜要求福貴跟他劃清界限，福貴楞了一楞，呆呆地說：「那當然，一直有界限，一直有界限……」

當天深夜，春生急急的來找福貴，他哭喪著臉，哽咽著跟福貴說，他的愛人自殺了，他自己也不想活了。但因爲有慶的死，一直讓他很愧疚，他拿出多年積攢的存摺交給福貴，希望福貴收下，這樣他才能問心無愧的離開。福貴勸春生不要想不開，不管如何，一定要忍耐。而多年來，一直拒絕見春生的家珍，這時也推門出來，對著已經離去的春生背影，大喊：「春生，你記著，你還欠我們家一條命呢！你得好好活著。」

鳳霞即將臨盆，福貴與家珍送紅雞蛋給鎮長謝謝他的作媒。不過，鎮長卻叫福貴夫婦以後不要再叫他鎮長，因爲他被冠上走資當權派，明天還要去學習班交待問題。福貴訝異問道：「怎麼都成走資派？這麼多年誰都知道你……」鎮長像是爲自己打氣般，理直氣壯的說：「相信群眾，相信黨嘛！反正我是沿著毛主席革命路線走的。」鎮長將福貴夫婦送出門，福貴夫妻怕是再也看不到鎮長般，回頭再三囑咐鎮長放寬心，多保重！

春生與鎮長向福貴夫妻訣別這兩段戲，將當時政治鬥爭的詭譎多變，任何人都可能因爲站錯邊，一夕遭到整肅的恐怖，隱埋在人民壓抑的情緒裡。幾個角色對話氣氛雖然平和，口氣家常，但卻令人不寒而慄，因爲福貴與家珍都心知肚明，春生與鎮長此去可能永遠都回不來了。但他們卻無法點破，只能裝成若無其事，安慰著他們。

鳳霞在縣城醫院等著臨盆，但是出來看診的卻是一個十七、八歲的小姑娘。原來所有的醫生都被關在牛棚了（牛棚是文化大革命的用語，是指各單位，如機關、團體、學校、工廠、村鎮、街道……等，自行設立的拘禁該單位知識分子的地方）。醫院已被護理學校的紅衛兵給奪權了。家珍不放心，她要求二喜想辦法去牛棚找個資深的醫生出來，以防萬一。二喜果眞從牛棚拉了個婦產科醫生出來。老醫生身上掛著一塊「反動學術權威」大吊牌，瘦弱的身軀幾乎站不住，二喜假意在醫院辱罵他，表示因爲要再教育他，要讓他看著工人階級生孩子，讓他看著紅色江山後繼有人。福貴不忍，他上前問了老醫生，才知道老醫生已經三天未進食，他好心地上街幫老醫生買了七顆饅頭回來，老醫生一見饅頭，馬上張口大吃。

這時，一陣娃娃哭聲從產房傳了出來，年輕的護士走了出來告訴福貴夫婦鳳霞生了一個男娃，母子均安。正當大家高興互道恭喜，想要把老醫生送回去時，老醫生卻因爲連吃了七顆饅頭噎住了，衆人一陣手忙腳亂，急急倒了杯水讓老醫生順順腸胃。但產房這時卻傳出鳳霞大出血，護士們看著鳳霞不斷出血止不住，手足無措，這些紅衛兵們這時才承認她們從沒處理過這種狀況……福貴回頭找老醫生，不料老醫生卻因爲吃了七顆饅頭，又喝了水，胃脹大得不得了，整個人痛苦的癱軟在走廊邊的長椅上，根本就動不了。他們雖想勉強將老醫生拉去產房，卻也來不及了，鳳霞就此香消玉殞……

醫院這段看似荒謬的情節，正是文化大革命當時的眞實寫照。按照一般的看法，文革從一九六六年五月開始，至一九七六年九月毛澤東過世而結束。分爲三個時期：紅衛兵時期（一九六六—一九六八）、林彪奪權（一九六九—一九七一）、四人幫（一九七二—一九七六）。電影裡所演的幹部醫生全部都被抓起來批鬥的情節，正是文革的第一階段。後來紅衛兵各自成立司令部，不僅彼此撰寫大字報相互攻擊，還發動「武鬥」，等於是大規模械鬥，在某些地區還發生紅衛兵搶掠武器、彼此攻擊的情況。爲了制止混亂失序的情況繼續蔓延，毛澤東等領導人在一九六八年底宣布，將城市青年送到農村進行改造，紅衛兵運動才告結束。

求穩勿亂的政治思維

「活著」這部電影最有意思的地方在於：整部電影中似乎都沒什麼壞人，唯一最壞的龍二也早早就被扣上地主的大帽子給槍斃了。片中的中國人都樂天知命，他們庸庸碌碌地配合著政府的政策，沒有怨言。眾所周知，在大躍進時期曾發生過大饑荒，死了數千萬人，但在電影中隻字未提，在電影中的人民公社隨時是食物滿溢，白麵條、大水餃都是讓人民吃到飽。不過，福貴一家彷彿承載著整個中國的悲劇，他的悲劇雖是偶發的，卻與中共荒謬的政策互有因果關係，而這樣的表現手法，不用開口批判，卻最具力道，也是最高明的諷刺，難怪此片一直被禁至今。

一九七六年文革正式結束，之前二十多年中共高層以各種大規模政治運動來推動政策、進行

本片對於文化大革命有相當寫實的描寫
來源：IMDB 電影網站http://www.imdb.com/title/tt0110081/mediaviewer/rm3564904448

政治鬥爭的「左傾」階段也宣告終止。兩年後，在鄧小平的主導下，第十一屆三中全會決定將中央指導思想從階級鬥爭轉移到經濟建設上，中國從此進入改革開放階段。正因爲中國大陸在一九五〇—一九七〇年代，因政治狂熱造成的各種動盪不安，以至於後來的領導人都以維持穩定作爲治理國家的最高原則，至今未變。當代中國人展現出只求安穩生活，不願挑戰威權的順民心態，其實都是那二十多年政治動盪所塑造出來的必然結果。

6

甘地精神的現代實踐——傻瓜大哥再出擊（*Lage Raho Munna Bhai*）

讓人打了，不反擊，會讓敵人心軟，他對你的仇恨，會變成尊敬。

印度／印地語
二〇〇六年出品

導演：拉吉庫馬·希拉尼（Rajkumar Hirani）
編劇：拉吉庫馬·希拉尼（Rajkumar Hirani）、維多·維諾德·喬普拉（Vidhu Vinod Chopra）、阿拜雅·約西（Abhijat Joshi）
來源：IMDB電影網站http://www.imdb.com/title/tt0456144/mediaviewer/rm1299370496

風格獨特的寶萊塢電影

印度電影產業世界聞名，尤其是寶萊塢（Bollywood）更與美國好萊塢齊名。雖然其產值與影響力不如美國，但靠著十三多億人口所創造出的巨大內需市場，印度電影的產量早已超越美國，是世界上最大的電影生產國家。根據統計，二〇一五年印度生產了一千七百七十八部電影，美國爲七〇七部，印度電影的產量足足是美國的二點五倍。

電影是文化渲染力很強的宣傳工具，美國挾好萊塢百年來電影的優勢，在其他國家攻城掠地，大肆宣傳美國價值，推銷美式文化，但唯一難以突破的，我想大概只剩印度。印度人對電影的期待，希望是物超所值。因此，一部電影裡常常裝載各種元素，例如，喜劇、動作、家庭倫理、浪漫愛情，再穿插印度人最喜愛的歌舞，而此類電影被稱爲Masala Films（瑪莎拉電影）。Masala是印度話「混合香料」的意思，各種辛香料混合而成的調味料，是印度料理最常使用的材料，因此，在大部分印度人心中，一部好的電影裡就像瑪莎拉香料一樣，混合各種元素，滿足各種情緒。縱然好萊塢如此強勢，印度本地電影業仍發展出其獨特的敘事語言與風格，這雖然也成爲其打進國際市場的障礙，但也保護印度電影產業不受好萊塢的威脅。因此，當好萊塢電影襲捲全世界時，印度本地影業反而取其所長，補其所短，歷經數十年的累積，其電影的創意與技術，在世界影壇已經占有一席之地，深受世界各國觀眾喜愛，其最著名的電影明星身價，也都可與好萊塢的一線明星平起平坐。

因爲寶萊塢瑪莎拉類型電影的風格太突出，常讓人以爲印度電影動不動就唱歌跳舞，而且劇情冗長、枝節太多。其實，印度幅員廣大，寶萊塢僅是指以孟買爲製作中心，發行以印地語（Hindī）爲主的影片，除了寶萊塢，其他還有以海德拉巴爲中心，以泰盧固語爲主的托利塢（Tollywood）；還有基地在清奈、以泰米爾語爲主的康利塢（Kollywood）。除了這三大主流影視基地，在西孟加拉邦，還有位在加爾各答、以製作孟加拉語影片，同樣也叫做托利塢（Tollywood）的影視基地。西孟加拉邦由於左派政黨長期執政，其政治社會文化較印度其他地方不同，該地區電影較注重社會議題，例如，勞工權益、貧窮問題、官僚腐敗……等，多具批判意識，手法嚴肅寫實，此類型電影被稱爲「平行電影」（Parallel Cinema）。被推崇爲二十世紀最偉大的導演之一的薩雅吉·雷（Satyajit Ray），即出生於加爾各答，其最著名的「阿普三部曲」在上世紀五〇年代即享譽國際，獲獎無數。西孟加拉邦影業也因爲此特點，其製作影片藝術價值高，長久以來即深受全球影壇重視。

「傻瓜」系列電影深具教育意義

而本篇所要介紹的電影「傻瓜大哥再出擊」，雖來自寶萊塢，但導演拉吉庫馬・希拉尼（Rajkumar Hirani）執導的每一部電影，都對印度社會提出批判，與「平行電影」不同的是，希拉尼的電影風格較誇張，人物性格卡通化，主要在嘻笑怒罵的嘲諷中，點出社會陋習與病態。觀衆都是在笑中帶淚裡看完電影，看完後都留下省思，可見劇本編寫功力爐火純青。希拉尼導演最為國人熟知的是「三個傻瓜」與「來自星星的傻瓜」。「三個傻瓜」批判的是僵化的教育制度，「來自星星的傻瓜」則是嘲諷印度社會對宗教的迷信。這兩部電影都是印度當年的賣座冠軍。

「傻瓜大哥再出擊」在二〇〇六年推出，在中國大陸被命名為「黑道大哥再出擊」，描述一位孟買黑幫老大為了追求心上人，假裝是甘地專家，由於黑道與甘地兩者反差過大，讓整部電影充滿了這種角色衝突的笑點。可惜的是，這部電影當年並未引進台灣。它之所以有機會在台灣電視台播放，可能是後來的「三個傻瓜」在台灣大為轟動，連帶使希拉尼的這部舊作引起片商的注意，台灣也才有DVD的發行。好笑的是，因為「三個傻瓜」的緣故，在台灣片商喜歡自作聰明幫電影系列化歸類的邏輯下，這部電影雖然與「三個傻瓜」毫無關係，但也身不由己地被叫做「傻瓜大哥再出擊」，而希拉尼二〇一四的電影「PK」更可憐，到台灣後，不能免俗地再被歸類到傻瓜系列，且由於當時韓劇「來自星星的你」爆紅，本身爲印度賣座冠軍的「PK」竟被強加比附取名爲「來自星星的傻瓜」。

筆者最初知道「傻瓜大哥再出擊」，是幾年前在學校辦活動時，希望找一部能突顯印度精神電影來播給同學看。當時，想到的只有一九八二年英國出品的「甘地」。這部片是當年奧斯卡獎的大贏家，總共提名了十一個項目，最後贏得八項大獎，其中包括：最佳影片、最佳導演，以及最佳男主角英國演員班・金斯利（Ben Kingsley）。不過，這部片實在太長（大約三小時），加上劇情比較像是還原歷史，實在不適合作爲課外活動的放映影片。後來，詢問印度駐台代表處（印度台北協會），對方回覆說：「有一部印度電影『傻瓜大哥再出擊』，用輕鬆詼諧的方式來講述甘地精神，很適合在學校裡播放。」半信半疑之際（因爲片名實在太像娛樂芭樂片）向片商調來看，才發現這部電影眞的是一部佳作。從此，只要上課時需要介紹甘地精神，必定向同學們推薦此片。

聖雄甘地是印度的國父，一般對其印象不外乎是他帶領印度擺脫英國的殖民統治，完成獨立建國大業；對甘地有更深一點了解的人會說，他的非暴力思想是二十世紀最偉大的哲學思想之一，鼓舞了馬丁・路德・金恩（Martin Luther King Jr.）、納爾遜・曼德拉（Nelson Rolihlahla Mandela）等世界各地致力追求民主與人權的運動家。不過，到底甘地精神是什麼？非暴力抗爭爲何有效？現在印度人怎麼看甘地？這部電影非常巧妙地同時回答了這三個問題。

黑道大哥 vs. 甘地精神

姆納（Munna）是在一家黑道公司工作的大流氓，這家公司雖然叫做公司，不過就是一群流氓，暴力威脅、魚肉鄉民，而姆納是公司裡面最凶狠的大哥大。但是，姆納卻有一個很文藝的愛好，即他很迷戀世界電台女主持人詹薇（Jhanvi）的聲音。他每天早上都準時坐在孟買海邊的小碼頭上，吹著海風、聽著詹薇的廣播，常常在空氣中對詹薇的廣播跟她說話。有一天，詹薇宣布在甘地十月二日冥誕當天，舉辦「聖雄甘地知識空中問答競賽」，冠軍可以到電台參觀。姆納聽到這個消息，興奮極了！爲了一睹詹薇風采，他志在必得，一定要贏得比賽。但問題是，他連甘地是誰，都不知道！但姆納的換帖兄弟電路佬（Circuit）向姆納打包票，一定會幫他解決問題。不過，電路佬想出的辦法竟然是在比賽當天綁架四個甘地專家，來當老大姆納的智庫。比賽當天，姆納輕鬆地答對所有甘地的問題。

贏得冠軍容易，但最大的挑戰是要去電台接受詹薇的訪問。姆納是個大老粗，言語粗鄙，但憑著他的街頭智慧，竟然對詹薇訪問避重就輕地蒙混過關。詹薇本人與她的聲音一樣甜美，姆納深深爲她所著迷。爲了贏得詹薇的芳心，姆納竟然在訪問中騙詹薇說他的職業是歷史教授。詹薇對甘地精神非常推崇，她向姆納表示，她現在與爺爺還有他的朋友一起住在「第二春之家」，而這些老先生都是甘地主義者，她希望邀請姆納來爲他們演講。姆納被愛情沖昏了頭，竟然答應了這個演講。

這次演講就無法找槍手代答，姆納與電路佬苦思卻毫無對策。最後，只能土法煉鋼——自己研讀甘地傳記。姆納硬著頭皮走進了甘地圖書館，而甘地圖書館似乎多年乏人問津，桌椅都積了厚厚的一層灰，圖書館員看到姆納喜出望外，因爲已經有很多年沒有人來到這間圖書館了。爲了趕進度，姆納完全沉浸在圖書館內，日以繼夜，不眠不休地閱讀。不知過了幾個晝夜，在朦朧中，姆納恍惚看到一個身材瘦小的白衣老人呼喚著他，他問道：「你是誰？」老人和藹的回答：「我是默罕達斯．卡蘭查德．甘地」（甘地

黑道大哥姆納對電台女主持人詹薇一見鍾情
來源：IMDB 電影網站http://www.imdb.com/title/tt0456144/mediaviewer/rm2359296000

的全名）。姆納覺得老人在開玩笑，他對老人咆哮，叫他趕快滾！但老人慈愛地說，只要姆納有需要，他隨時都可以出現。姆納大叫管理員，但管理員與僕役都表示，沒有看到這個人。

由於老人的影像是如此眞實，姆納懷疑他是看到甘地的鬼魂，但他周遭的人，包括心理醫師認爲，姆納是看書看得太累，壓力太大產生的幻覺。但姆納堅持他看到的是甘地的鬼魂，而且他可以隨叫隨到，屢試不爽。在演講的前一天，姆納又呼喚了甘地，甘地依約出現，姆納要求甘地在明天的演講時，在他耳邊小聲回答詹薇爺爺的朋友們的問題。甘地爽快的答應，但是他也要姆納答應他的要求，姆納爲了演講，什麼事都答應。

隔天演講，在姆納的呼喚下，甘地果然出現，當然也只有姆納一人看得到。第一個老人問姆納：「我看到一個男孩朝甘地的雕像丟石頭時，該怎麼做？」姆納反射性的回道：「非常簡單，把那個混蛋拉到雕像前……」話還沒說完，他就聽到甘地在他背後輕聲說道：「給他一塊大石頭，讓他把雕像砸爛，不但如此，也要把全國甘地的雕像都砸爛、把我的畫像全部從牆上拿掉、把我的名字從大樓、貨幣與道路拿掉。如果要瞻仰甘地，只要發自內心銘記就行了。」姆納雖然對甘地的回應感到不可置信，但他還是依樣地將甘地的話重複一遍。而姆納似乎從甘地的回答得到啓發，他開始侃侃而談：「國父爲我們付出巨大的代價，坐過牢、絕過食，還挨了三顆子彈。可是，我們是如何對待他？懸掛他的畫像，讓他目睹我們的墮落？！我們有水龍頭卻沒有水，有燈泡卻沒有電，路上到處是坑洞，人行道到處是小販，明明預訂了火車票，但是火車卻被取消，住院沒有病床，有了病床卻沒有醫生，這時要向誰抱怨？官僚推諉塞責，行政手續複雜，要是國父今天還在世，他會如何回答？我們爭取到自由，卻失去了民心！」納姆精彩的演說，獲得老人們一致的讚許。

甘地為何如此偉大？甘地在十八歲前往英國修習法律，學成後前往南非發展，迅速成為當地最有名的印度裔律師。他在一九一五年回到印度，並在一九一九年成為國大黨（Indian National Congress）領袖。國大黨是在一八八五年由英國人休姆（A.O. Hume）和一群受英國教育的印度菁英所創立的政黨。由於主要領導者都是接受英國律法訓練的印度政治菁英，早期國大黨並不反對英國繼續統治印度，所採取的策略也很溫和，充其量只是一個「忠誠的反對黨」，直到甘地出現後才出現變

片中甘地鬼魂給姆納許多生活上的建議，慢慢將自己的哲學思想灌輸給他
來源：IMDB 電影網站http://www.imdb.com/title/tt0456144/mediaviewer/rm2040528896

化。甘地發現英國之所以成功殖民印度數百年，最關鍵的其實不是其科技與軍事能力，而是其創建出來的律法制度、經濟體系，以及所有印度人民對這整套制度的「順從」。因此，如果只用暴力抗爭方式對付殖民政府，後者就會用司法制度來處理，將獨立運動定位在違反法律的層次，因此甘地必須挑戰英國法律制度的合法性。他的策略就是設法讓印度人拒絕與英國人合作、拒絕加入英國所建立的經濟體系，並且拒絕用任何暴力手段來回應英國人的打壓。他主張唯有以非暴力原則來回應，這樣才能讓自己站到道德的制高點，但這實在是不容易達到的事。他的策略就是以身作則：英國人逮捕他，他就坐監；為了切斷與殖民經濟的關係，他自己織布、自己種菜。他最激烈的手段就是絕食，藉由餓肚子來逼迫對手讓步。甘地憑藉著口才與行動，逐漸在印度全國形成一股風潮，並受到國際媒體關注。一九三〇年間，甘地與其追隨者為了抗議英國殖民當局提高食鹽價格，發起所謂「食鹽進軍」（Salt March）：以二十四天時間，徒步走了三百九十公里到海邊，象徵性地捧起沙灘上的鹽粒，宣布將自行製造食鹽。英國以違反法律之名將其拘捕，結果反而引發更多人模仿甘地的舉動走向海邊「生產」食鹽，最後有六萬餘人被捕入獄。

甘地前後被英國人逮捕下獄達七次之多，但每次入獄他在全國的聲望就變得更高，殖民當局對甘地及其追隨者感到猶如芒刺在背，英國首相邱吉爾甚至以鄙夷的語氣稱他是個「半裸的托缽僧」。甘地的抗爭策略畢竟是有效的：在二次世界大戰結束之後，英國不得不放手讓印度獨立。因此，甘地被奉爲印度國父，至今全國各地都看得到甘地銅像，課本裡充滿了甘地的傳奇事蹟，十月二日甘地生日成了全國最重要的節日。

將計就計、越演越大

姆納的成功，讓他志得意滿，當他與電路佬高興的喝酒唱歌慶祝時，甘地又出現了。他要姆納兌現對他的承諾，甘地提出的要求，就是姆納必須向詹薇坦白，承認他不是教授的事實。他要姆納誠實做人，但姆納根本做不到。納姆爲了圓這個謊，他不斷地說了更多的謊。

至今印度各地仍有許多紀念甘地的銅像、照片
來源：作者攝影（印度錫金邦，2015）

姆納告訴老闆拉奇（Lucky）他想娶詹薇的事，拉奇發現詹薇住的「第二春之家」，就是他們剛用詐欺的手段騙得的房子，而這棟房子是拉奇預備作爲他女兒辛姆蘭（Simran）的嫁妝。拉奇騙姆納，要他帶詹薇與那些老人到果阿渡假。事實上，拉奇是調虎離山，趁著他們渡假，霸占房子。

詹薇一行人在果阿快樂的渡假，正當姆納準備向詹薇求婚時，詹薇接到電話通知，有人正將她房子裡的東西全部丟了出來。姆納一查，發現霸占詹薇房子的人就是他的老闆，而執行的人正是他的好兄弟電路佬。他怒氣沖沖地趕回去跟老闆拉奇理論，但拉奇表示這間房子他要作爲女兒的嫁妝，已成定局了。拉奇也威脅姆納，如果他輕舉妄動，就要跟詹薇抖出他根本不是大學教授的事。

無計可施的姆納，只好再度呼喚許久未曾召喚的甘地。在甘地的建議下，姆納、詹薇及一群老人決定採取「甘地政策」來對付拉奇。拉奇以爲他們一定會硬幹，但是他們卻反其道而行。他們送花給拉奇，在拉奇的家對面擺好他們所有的家具，準備在拉奇面前繼續過著他們的日子。拉奇命令警衛打姆納一巴掌，想激怒姆納，沒想到這個過去赫赫有名的大流氓，竟然毫不還手，還將自己另一邊臉也湊了上去，但警衛卻毫不留情地打了下去，姆納一氣之下，用力回擊，將警衛當場打昏。這時他又看到甘地，甘地訓示姆納：「不反擊，才會使敵人心軟，他對你的仇恨，才會變成尊敬。讓拉奇看看我們不會反擊，也不會動搖。」

姆納與詹薇同時在電台傳播甘地精神，他們要求聽眾如果認同甘地精神，就送花給拉奇，祝福他早日康復。拉奇家馬上堆滿了來自各地送來的花籃，搞得拉奇不勝其擾，最後他使出殺手鐧，他威脅姆納，如果不撤走的話，就要向詹薇揭穿他假教授的身分。姆拉向甘地求助，甘地勸姆納誠實，只要誠實，詹薇最後會回到他的身邊。姆納鼓起勇氣，向詹薇坦誠一切。詹薇生氣地打了姆納一巴掌，其他的老人家也全部撤出抗議，只留下姆納一人。拉奇眼看詹薇與老人家們退出抗議，以爲姆納會就此放棄，沒想到他越挫越勇。姆納的廣播大受歡迎，沒有了詹薇，他繼續在電台呼籲甘地精神，也以甘地精神解決許多聽眾生活的難題，但到節目最後，他都要求聽眾朋友繼續送花給拉奇，祝他「好心一點，早日康復！」

姆納的影響力越來越大，讓拉奇不論走到哪，都有人送花祝他早日康復。拉奇心生一計，姆納口口聲聲宣稱自己可以看到甘地的鬼魂，他要讓所有的人知道姆納根本是個瘋子，所看到的甘地只是幻覺而已！拉奇召開記者會，佯稱他要將詹薇的房子歸還，實際上他安排了姆納的心理醫生在記者席中。在記者會中，心理醫生向姆納提出五個問題，這五個問題都是甘地非常隱私的問題，因爲如果依姆納所言，甘地鬼魂隨時在他身邊，那這五個問題都可以答得出來，如果甘地只是他自己的幻想，則姆納了解甘地多少，就只能回答多少。結果前兩個問題，姆納聽了甘地的回答都順利答出，但後三個問題：甘地母親的名字、聖雄甘地名號的由來？以及甘地在南非修行的農場名稱？姆納看了甘地，甘地都沈默不語，心理醫師將答案拿給姆納，要姆納再問甘地一遍，當姆納看完答案，再問甘地時，甘地則對答如流，這時姆納才了解，過去他所看到的甘地鬼魂，完全是自己心理的投射！

甘地精神：信仰眞理

甘地一生都主張信仰眞理、堅持眞理，他的座右銘是「眞理堅固」（Insistence on Truth），在印地語中稱爲Satyagraha，連他的自傳書名都是《我對眞理的實驗》（*The Story of My Experiences with Truth*，台灣的中文譯本於二〇一四年出版）。在另一部印度電影「禍水」（Water）的最後一幕，是甘地在火車站對衆人進行演講，他說：「我以前以爲神就是眞理，但現在我認爲眞理才是神」，讓人印象深刻。因爲甘地致力於追求眞理的精神，本片以姆納見到甘地鬼魂作爲故事主軸就太不合適了，導演在這裡利用記者會將劇情導回眞實的一面，讓心理醫師以專業角度解釋，姆納何以一直看到甘地的鬼魂，既是劇情的轉折，也符合甘地追求眞理的精神。

發覺根本沒有甘地存在的姆納，大受打擊，心灰意冷的他收拾包袱，決定與電路佬遠走他鄉。而大獲全勝的拉奇，則興高采烈的爲女兒辦婚禮，將那間詐騙而來的房子送給親家。但在婚禮當晚，拉奇的女兒辛姆蘭發現拉奇爲了讓她順利嫁出去，謊報她的出生。辛姆蘭從婚禮跑了出來，難過得想自殺，覺得父親竟用這種欺瞞的手段安排她的婚姻，如果眞的因爲她的生辰八字剋死了丈夫，不就是她的罪過嗎？姆納得知後，不介意拉奇對他的所做所爲，反而勸解辛姆蘭應當體諒父親的苦心，不要拋棄父親，讓他獨自一人面對麻煩，他相信只要兩人相愛，必能解決困難。在姆納的勸導下，辛姆蘭回心轉意，決定向夫家坦誠一切，雖然親家公不諒解，但在新郎堅持下，婚禮圓滿舉行。拉奇爲了感謝姆納爲他做的一切，將房子歸還給詹薇，詹薇也原諒了姆納，兩人重修舊好。

本片最終以完美結局收場，但正如片中所點出的問題，甘地精神今天在印度是否仍然存在？衆所周知，印度雖然是民主國家，但是貪汙問題嚴重，行政效率低落，片中甘地鬼魂藉由姆納之口批評，今日的印度社會只會搞一堆紀念甘地的形式主義，卻忘了眞心實踐甘地精神，眞是一語中的！瑞士作家伯納德・英哈斯利（Bernard Imhasly）以「探索甘地精神在印度的實踐」爲主題撰寫了一本書《告別甘地：現代印度的故事》（*Abschied von Gandhi: eine reise durch das neue Idien*）（二〇〇八），有興趣的讀者不妨自行參考。

7

台灣首部突破政治禁忌的世界級電影——悲情城市（*A City of Sadness*）

我們本島人最可憐，一下日本人，一下中國人。衆人吃，衆人騎，沒人疼。

台灣／台語、日語、上海話、粵語
一九八九年出品

導演：侯孝賢
編劇：吳念真、朱天文
來源：作者提供

台灣首部挑戰二二八禁忌的電影

「悲情城市」的推出，對台灣電影發展具有劃時代的意義。不只因爲它爲台灣在威尼斯影展，首次獲得金獅獎最佳影片的榮耀，在政治上，它也是第一齣以二二八事件、白色恐怖爲背景的電影，在台灣剛脫離「強人政治」，尚未完全民主化的時空環境下，它勇敢地挑戰當局的禁忌。「悲情城市」挾著國際大獎的威力，在前總統李登輝的主政下，得以「一刀未剪」地呈現在國人面前。象徵此後台灣電影終於可以擺脫意識形態限制，在題材上解除所謂「政治正確」的枷鎖。

「悲情城市」推出的時間，適逢台灣民主化的初始階段。當時距離解嚴（一九八七年）未久，黨禁、報禁、集會結社等各種管制剛剛解除，但整體政治環境仍屬保守，氣氛詭譎莫測。執政的國民黨政府因前總統蔣經國突然去世，台籍副總統李登輝接任總統與國民黨主席，卻不被以外省籍爲主的國民黨守舊勢力所喜，遂發生一連串以本土派李登輝爲首、支持改革的「主流派」，與政治立場保守的「非主流派」之間的政爭。這兩派的政治鬥爭在一九九〇年二月正式浮上檯面，當時稱爲「二月政爭」，並引發三月的「野百合學運」，爲台灣走向民主化與本土化拉開序幕。國民黨經此政爭後，穩固了李登輝的主流派地位，而非主流派出走，之後成立新黨，而分裂之後的國民黨，黨內亦一直存有本土派與非本土派的歧見。

會提到這一段，只是要說明「悲情城市」推出當時的政治氣氛，雖然本片獲得國際影展大獎的肯定，但是畢竟題材觸及政治禁忌，且保守勢力仍然牢牢籠罩社會，若非前總統李登輝大膽宣布解禁，國內民眾恐無緣欣賞此一佳片。當時的保守政治氣氛，由另一件事情可以探知：「悲情城市」雖屢獲國際大獎，但在當年金馬獎——這個由台灣舉辦的電影人最高榮譽獎項，卻連最佳影片都拿不到，就可知道過去意識形態桎梏的難以脫除。就連以「三個女人的故事」獲得最佳影片的導演關錦鵬，在當年金馬獎過後的一場座談會上也指出，「悲情城市」的成就遠高過「三個女人的故事」。有趣的是，二〇一一年台北金馬影展執行委員會主辦「影史百大華語電影」，「悲情城市」被票選爲第一名，而當年的最佳影片「三個女人的故事」卻連百大也擠不上。

「悲情城市」的故事內容牽涉到一個社會在民主化過程所面對的「轉型正義」問題——如何正視過去獨裁政府所進行的違法與不正義行爲，藉由還原歷史眞相來對過去的不當行爲進行彌補。在一九八〇年代中後期，「二二八事件」與「白色恐怖」等字眼仍然是政治禁忌，台灣文學家吳濁流所撰寫的《無花果》與《臺灣連翹》等著作（內文均談到二二八事件）仍然屬於禁書；本省家庭的長輩絕口不提二二八事件；當時「警總」（警備總部，戒嚴時期台灣主要情治系統之一）仍在，可以隨時約談甚至拘捕散播發表「不當言論」的平民百姓。

筆者分別在高中與大學時期看過「悲情城市」，當時對二二八這段過去被刻意淹沒的歷史只是一知半解，過去雖也曾聽過父執輩對這件事的口語相傳，但是首次看到戲劇的呈現，內心還是澎湃激動不已，也爲導演如此「大膽」挑戰政治禁忌感到訝異。經過二十多年再看此片，此時台灣已經過數次政黨輪替，二二八史料也大量出土，「悲情城市」的劇情從今日來看，已不復當年的爭議性與批判性，但是此片完全沒有過時的感覺。演員的表演是如此的鮮活，尤其男主角陳松勇的草根性、重情重義的形象，活脫脫就是早期台灣「男子漢」的代表，他深具爆發性的表演，也讓他贏得金馬獎最佳男主角。電影畫面與配樂優美雋永，故事雖悲傷，卻充滿詩意。它將台灣自日治時期、國民黨來台到二二八事件與白色恐怖的種種苦難，巧妙地濃縮在基隆林姓家族四個兄弟的遭遇中，從這個家族中，台灣人可以看到父執輩們熟悉的身影與經歷的痛苦，可說是部超越時代之作。

「悲情城市」除了是台灣電影史上的經典之作，導演侯孝賢更是國際影壇最重要的導演之一，他的作品屢屢在國際影展大放異彩。除了「悲情城市」在一九八九年獲得金獅獎，晚近他更以「刺客聶隱娘」獲得坎城影展最佳導演獎。侯孝賢擅長使用長鏡頭、空鏡頭與固定鏡位，讓人物直接走進鏡頭中。雖然有人批評這種拍攝模式單調、一成不變，但是這種固定鏡頭的設計，卻讓表演更生活化，演員不需因遷就鏡頭，不得不做出誇張的表情與肢體動作，所有的表演在演員走進鏡頭中便自然發生。

值得一提的是，「悲情城市」的配樂由日本音樂團體「S.E.N.S.」所編寫，「S.E.N.S.」在日本是「治療系音樂」的先驅，這支傑出的配樂，空靈悲愴，搭配電影主場景神祕靜謐的九份，隨著劇情起伏，隱隱地流瀉出嗚咽悲鳴，讓「悲情城市」宛如史詩般的悲壯。

政權輪替下台灣人的悲哀

「悲情城市」場景設定在九份山城，故事主人翁林姓家族就在這個昔日的金礦重鎮經營酒家。二戰結束後，本土草根、遊走黑白兩道的大哥林文雄在九份開設「小上海酒家」，家中二哥、三哥因當日本兵出征，下落不明，只是有人說在上海曾看過三哥，而四弟文清可能因爲耳聾的關係，留在家鄉，以攝影爲業。

電影一開始，就在日本天皇詔告無條件投降的「玉音放送」廣播聲中拉開序幕。在停電的晚上，男主角林文雄的女人因爲生產，哀嚎整夜。只見林文雄在黑暗中焦急等待，一會兒燈亮了，他大罵：「幹恁娘！電到現在才來。」他的女人在「玉音放送」聲中生下他的小孩林光明。這一場戲，象徵台灣脱離日本統治後的新生，而孩子叫林光明，也是林文雄對未來的期望。

台灣迎接新政府，林文雄也歡天喜地的開始了他的「小上海酒家」事業。在鶯鶯燕燕的女人堆中，老父親催促著文雄，趕快寫信叫老四文清回來幫忙拍照，爲家庭最榮耀的一刻留下紀錄。許久沒有消息的三哥文良，此時被送了回來，但卻已經發瘋。文清的朋友寬榮在這段新舊政權交接的過渡期，卻有無限感慨，一方面對於即將被遣送回國的日本友人，依依不捨；一方面卻對國民黨派駐來台的陳儀政府的腐敗無能，深感不滿。

三哥文良的瘋病逐漸好轉，但他在中國時認識的上海朋友卻找上門來，上海佬慫恿文良利用家裡的船走私。文良與文雄的小舅子阿嘉，就此如火如荼地做起走私販毒的生意。不久，被大哥文雄發現，文雄怒不可遏，大大訓斥阿嘉、文良一頓，並把毒品沒收。

一日，文清接到家書，原來是文雄的女兒阿雪寫信向文清求救，她拜託四叔文清幫忙聯絡台北的朋友疏通，將三叔文良保出來。原來有人檢舉文良是漢奸，密報文良當兵時在上海幫日本政府工作，陷害不少上海人。政府派兵搜索文雄一家，文良被捕，文雄聞風逃逸。姪女阿雪在信中不解的問道：「三叔若眞如此做，也是不得已的，不是嗎？」在阿雪的認知裡，當時是日本政府，台灣人被迫當兵，在戰時的種種作爲，都是情非得已的啊！

經過疏通，台北友人捎來消息，表示國民政府有意修改「漢奸整肅條例」，讓台灣人免除適用，大哥文雄氣得破口大罵：「幹恁娘！反正法律是他們設的，隨便他們翻起翻落。我們本島人最可憐，一下日本人、一下中國人。眾人吃、眾人騎，沒人疼。」大哥文雄畢竟是黑道中人，他大抵知道文良爲何被密報，無奈之下，他只能回頭找那些上海佬談判，同意將毒品交出，以換得釋放文良。很快地，文良被放了回來，但是卻被打得遍體鱗傷，奄奄一息，瘋病再度復發，幾成廢人。

不久，台北因查緝私煙，引發外省人與本省人對峙，台北宣布戒嚴。起因是香煙小販林江邁因爲被查緝私煙，求情不成，反被查緝員打成傷，圍觀群眾不滿，氣憤的追打查緝員。在混亂中，查緝員開槍打死一名無辜民眾，引發眾怒，再加上台灣人長期被外省人欺凌，於是藉著此事件，自主性地武裝報復外省人。當中有一幕令人印象深刻，就是當台灣人全力搜捕外省人時，坐在火車上的文清，因聽不見本省人詢問他，遲遲沒有回應，他緊張地結結巴巴擠出一句口齒不清的台語「我—是—台—灣—人」，不標準的發音，更被誤認爲外省人，台灣人在激憤中高舉刀棍準備向他砍去，在緊急的一刻，他的朋友寬榮趕到，才將文清於刀棍之中解救出來。

這一場戲，可說是本片的經典之一，侯孝賢沒用太多血腥打鬥場面，就用這一幕，將當時本省人仇恨外省人的氣氛表現得淋漓盡致。而文清結巴的表白自己是台灣人，卻也隱喻了日後台灣人將難以說出自己是台灣人的認同錯亂。

「二二八事件」是二次世界大戰後，台灣政治發展的轉捩點。原本高興「回歸祖國懷抱」的台灣人民，因爲無法再忍受執政者的貪汙腐敗與歧視政策，而變得失望憤恨。一九四七年二月二十七日的專賣局查緝私煙事件，成爲民怨爆發的出口。各地接連爆發軍民衝突，許多外省人遭到攻擊，但地方士紳也都紛紛出面維持秩序，並與國民政府交涉提出改革要求。行政長官陳儀一方面廣播安撫群衆，另一方面向中央請求調派軍隊前來鎮壓。三月八日，軍隊（二十一師）分別從基隆與高雄登陸，開始進行全台鎮壓，許多人遭到血腥屠殺，幾乎將日本統治時期所培養出來的島內知識菁英階層全數清除。此後，國民政府從大陸敗退來台，爲了鞏固統治，對於不同政治意見者進行大規模整肅迫害，造成大量的冤死與冤獄，稱爲「白色恐怖」時期。二二八事件與白色恐怖，讓台灣社會的民主化推遲到一九八〇年代後期才開始。

戒嚴後的國民政府，對台灣的偵防控制越來越嚴峻，隨後寬榮因爲被國民政府整肅，逃到山區藏匿。文清也被捕，在獄中，他眼見獄友一個個被拉出去，耳聾的他雖聽不見一聲聲令人心驚肉跳的槍斃聲響，但從他空洞的眼神中，看得出他的絕望。雖然他有幸被釋放，但出獄後的他，默默地將被槍決獄友的遺物一一送回家。文雄因爲戒嚴的肅殺氣氛，將酒家生意暫時收了起來。

文清不斷的接濟逃遁於山中的寬榮，此時的寬榮在山中另起爐灶，教村民讀書，也在村中結了婚。文清向寬榮表達要與寬榮一起留下來，但是寬榮勸文清，要爲人民做事，任何地方、任何形式都可以做。此外，他的妹妹寬美，一直傾心於文清，他希望文清能好好照顧寬美。

對「二二八事件」的究責避重就輕

本片以二二八事件作爲背景，時間跨度從一九四五年二次大戰終止到一九四九年底國民政府遷台，雖然整部戲只以九份地區的一個家族興衰爲對象，但導演非常巧妙地利用角色的安排，將當時不同階層的台灣人悉數納入故事之中。例如，大哥林文雄被設定成具有草莽性格的生意人，雖然以開設酒家爲業，個性好賭，但其所做所爲（包括對抗執政者）都是爲了保護自家人，也因此在統治者眼中成了刁民流氓，最後命喪上海幫手中。三哥林文良在戰爭期間被徵調赴上海擔任日本人翻譯，戰後回台成了上海幫進行投機走私生意的合作對象，後來又被舉報爲漢奸逮捕，最後徹底發瘋。這個悲劇性角色，影射的是因戰爭被捲入當時中國政經巨變的台灣人，與「祖國」接觸的經歷卻沒有爲其帶來名利。四弟林文清溫和善良但天生聾啞，只能透過紙筆與外人溝通，因此多數時間他都只能是事件旁觀者，但隨著時局的惡化，他的行爲開始發生變化，不僅協助被槍殺的獄友將遺物帶回給親屬，甚至激烈地表達願意獻身武裝反抗運動。這原本是個對政權最無害的人，到最後也不免遭到迫害。和活生生的人物不同的是，電影從頭到尾都沒有任何國民黨高官或將領現身，而是利用行政長官陳儀的幾段廣播講話，來呈現出「政權」的冷酷與虛偽，可能因爲電影推出當時國民黨仍然當政、國內政治氣氛仍然保守使然，但利用陳儀的浙江腔廣播來「宣示」政策，算是頗有創意的安排，也讓整部電影更完整地貼近史實。

劇中寬榮的角色應該是向呂赫若先生致敬。呂赫若生於一九一四年，是日治時期著名的小說家，二十二歲即以處女作〈牛車〉，轟動台日文壇。他的作品反映出殖民時代下台灣人民的壓抑苦悶，以率直質樸的文字控訴當時經濟社會結構的不公與病態，造成底層人民的悲慘生活。除了文學成就，呂赫若同時在戲劇、音樂的造詣頗深，因而有「台灣第一才子」稱號。在二二八事件後，呂赫若投入左翼的人民解放運動和武力抗爭，之後被國民黨追捕，後來隱匿在石碇的鹿窟山區。鹿窟當時是台灣共產黨的武裝基地，集結了許多懷抱社會主義理想的台共在此，從事組織與武裝訓練工作，他們同時在山中教育、訓練村民，但在一九五二年十二月底被政府搜捕剿滅。呂赫若則是因為在鹿窟從事無線發報工作時，不慎被毒蛇咬到喪命，時年三十八歲。

在電影中，對於寬榮為什麼被搜捕，為什麼在山區教育村民的種種作為與目的，都沒有特別交待。相較於本片在處理本省人與外省人黑白兩道在喬事情、談判的細緻，這段文清到山中找寬榮的劇情，就顯得輕描淡寫多了。對於寬榮個人的政治理想，我們只能從寬榮寫出「我人已屬於祖國，美麗的將來」這兩句，來推斷寬榮對中國社會主義的孺慕與崇拜之情。可惜的是，電影對於造成二二八慘案的原由，以及國民黨政府藉著剿共所造成的濫捕、濫殺與冤獄，都隱晦含糊地帶過，而這都是造成白色恐怖的根源。這樣的忽略，就顯得電影頭重腳輕，底氣不足。這也是批評此電影的人最詬病的地方，認為抒情有餘，批判不足。

文雄將小上海酒家收了起來，他的太太叨叨絮絮不斷地問他生意何時重新開張？文雄心煩意亂，又聽到店裡樂師與唱曲的唱著哀淒的台灣歌謠，越聽越煩，他氣得將樂師的樂器猛地砸斷，大怒：「是在哭嗎？唱這什麼歌，不要唱了，是要倒楣嗎？」而下一個場景，卻是一群外省人，從容自若地聽著二胡小調。此兩場景的前後對照，顯示著此後台灣傳統文化的壓抑與悲情，取而代之的中國文化將優雅登場。

一日，小舅子阿嘉在賭場遇到當初密報文良爲漢奸的上海佬，他衝上前理論，卻被對方刺傷，滿身是血的阿嘉氣弱游絲地逃到文雄身邊，文雄爲其出氣，跟外省幫派大打出手，卻被上海佬槍殺身亡。家人在文雄的百日內，趕辦了文清與寬榮的妹妹寬美的婚禮，婚後兩人開了間照相館，不久也生了個小孩，日子平淡滿足，賺的錢都接濟了寬榮在山區工作。

隨著國民政府的整肅工作不斷加壓，寬榮的山區基地終於被查獲，村裡的工作人員與村民男女老少都被逮捕。文清若有所感，似乎也預知了自己的命運，他著正裝與寬美、小孩合拍了一張全家福，三天後，他被逮捕，音訊渺茫。妻子寬美雖然四處打聽，仍然未果。電影最後，曾經盛極一時的九份林家，四兄弟只剩下痴傻的三哥文良，伴著老父吃飯……

以電影來詮釋轉型正義，台灣仍待努力

在歷史上有不少電影挑戰執政當局政治禁忌，但很少有一部電影像「悲情城市」那樣，在台灣政治轉型的過程中，剛好出現在最關鍵的時刻，巧妙地協助本土派改革勢力擊退國民黨內保守集團，奠定台灣民主化的基礎。因此，這部電影在一定程度上，可說是台灣順利走向民主化與本土化的催化劑。可惜，台灣電影界甚少利用二二八事件或白色恐怖作爲電影題材，除了本片之外，大概只有侯孝賢在一九九五年拍攝的「好男好女」、萬仁的「超級大國民」，以及林正盛一九九九年的「天馬茶房」。二〇〇九年台裔美國人刁毓能拍攝了一部敘述台灣白色恐怖時期的電影「被背叛的台灣」，但因爲劇中演員所講中文腔調奇怪，有些場景看起來不像台灣，因此外界評價不高。而同樣民主化成功的南韓，無論是拍攝韓戰時期國破家亡的電影「太極旗：生死兄弟」，還是敘述威權時期的政治鎮壓，例如「正義辯護人」、「我只是個計程車司機」、「華麗的假期」等等，都拍得入木三分，對於當時獨裁政權的指控都是赤裸裸、指證歷歷，毫不掩飾。台灣如果能有更多相關題材的電影創作，相信更能讓社會各界正視過去的歷史，這才是轉型正義的眞正實踐。

8

稅務律師隻身對抗威權體制的眞實故事

——正義辯護人（*The Attorney*）

以卵擊石又怎麼樣？石頭再堅硬，也是死的，雞蛋再脆弱，也是有生命的。岩石最終只會分解成細沙，雞蛋則會孕育出新的生命。

韓國／韓語
二〇一三年出品

導演：楊宇碩（Yang Woo-suk）
編劇：楊宇碩（Yang Woo-suk）、尹賢浩（Yoon Hyeon-ho）
來源：IMDB電影網站http://www.imdb.com/title/tt3404140/mediaviewer/rm2264389376

以前韓國總統盧武鉉故事爲範本

「正義辯護人」故事背景設定在一九八一年全斗煥執政時期，韓國釜山發生一群大學生被指控教導共產思想與傳閱書籍，被捕入獄。而原本一心求財，安穩度日的稅務律師宋佑碩爲救恩人之子，意外成爲該案的辯護律師，從而了解到政府刑求取供與壓迫人權的眞相。本片故事的原型是韓國前總統盧武鉉，劇情有許多地方是依盧武鉉當年的親身經歷所編寫，電影一開始也闡明是根據韓國前總統盧武鉉的眞人眞事改編而成。而盧武鉉本人在二〇〇八年卸任後遭指控貪汙，最後以跳崖的激烈方式結束生命，令人唏噓！因此，電影於二〇一三年上映後，立即成爲韓國當年最賣座電影。

本片的背景「釜林事件」是韓國威權時代最著名的白色恐怖冤案，要了解此一案件爲何出現，就必須先了解韓國的政治發展。一九五三年韓戰結束後，南韓政治就一直是強人治國與軍事政變交替出現的局面，其中第一任總統李承晚原本是帶領獨立建國的英雄，但其執政後期獨裁專斷，誅殺異己，最後引發人民大規模抗爭而下台，晚年流亡美國夏威夷。之後，繼任者爲尹潽善，但他只在職九個月即被軍事強人朴正熙推翻。朴正熙是一個政治強人，威權統治達十八年之久，雖然執政時期大幅改善韓國經濟，提高國民所得，但他如同李承晚一樣，也是全力打壓異議分子，犧牲韓國民主化發展，評價兩極（韓國首位女總統朴槿惠即為其女兒）。一九七九年朴正熙被中央情報長金載圭刺殺身亡，之後由崔圭夏代任總統，但崔也只任職八個月就被軍人全斗煥發動政變趕下台。全斗煥後來操縱修改憲法，使自己登上總統寶座，各地陸續出現抗議聲浪，但都遭到鐵腕鎮壓。此外，他也以肅清共黨分子之名，逮捕許多社會運動家與學生，其中就包括「釜林事件」。

本片的男主角由韓國影帝宋康昊擔任。這位其貌不揚的男演員，演技精湛，深具觀眾緣，在花美男當道的韓國影視圈實在是一個異數，其演出的電影皆叫好叫座，所累積的票房，是韓國數一數二。在「正義辯護人」片中，他扮演一個出身貧苦，而且只有高中學歷的

人權律師宋佑碩由著名韓國影帝宋康昊飾演
來源：IMDB 電影網站http://www.imdb.com/title/tt3404140/mediaviewer/rm2163726080

律師。韓國律師競爭激烈，能考上的幾乎都是名門大學的畢業生，相形之下，宋康昊演出的宋佑碩律師顯得既寒磣又庸俗，與這些名門出身的律師相處，總是格格不入。宋康昊將這個角色的自卑與不自在，演得信手拈來，非常傳神。

從房地產律師到人權律師

自一九八〇年「光州事件」後，韓國整個社會陷入肅殺氣氛，大大小小的示威活動動輒被政府壓制。電影中，宋康昊飾演的房地產律師，剛開始對社會這種躁動不安的情緒毫無所感，滿心只想擴充業務，賺更多的錢，這種市儈的個性和電影後半部有極大的反差。二〇一七年由他主演的另一部電影「我只是個計程車司機」也是類似的劇情：一個原本只想跑長途車賺錢的計程車司機，在親眼目睹政府殘暴鎮壓光州民主運動後，決定冒生命危險將德國記者帶離光州，讓世人得以目睹事件眞相。

一九七〇年代末期，韓國房地產交易熱絡，不動產代書業務暴增，法院公證人接案接到手軟。爲了消化這些不動產業務，政府開放律師可兼做不動產代書。年輕的法官宋佑碩看中公證人只消蓋幾個章就可賺進大把鈔票，比律師還好賺，他想趁這一波熱潮大賺一筆，因此決定辭去法官，回到釜山，投入不動產代書業。但他苦無辦公室開辦資金，索性提著一箱韓國國民提神飲料Bacchus拜訪前輩金光弼，準備向他開口借錢。金光弼是釜山知名的人權律師，在業界爲人所敬重，他很訝異小老弟的決定，但看到他如此熱烈的眼神，實在無法拒絕他的請求。

宋佑碩律師辦公室如願開張，他像個業務員般到處發名片拉生意。那個年代的韓國，司法考試每年不過錄取六十個名額，就算是名牌大學畢業生也不見得考得上，律師可說是非常尊貴的職業。而這個只有高中畢業，靠自學考上的鄉下律師卻把律師幹得像業務員般，實在是拉低了律師的身價。每當律師協會聚會時，宋佑碩的行徑就會被其他的律師當做白痴恥笑一番，就算在場，他也只能摸摸鼻子，當做沒聽到。

宋佑碩果眞是押對寶，他的房地產代書業務一飛沖天，辦公室每天門庭若市，像菜市場般鬧哄哄，這時的他可說是日進斗金。全家也搬進他以前當建築工人時蓋的大公寓，這時的他志得意滿，躊躇滿志。功成名就的佑碩，有一天特地帶著一家人去他尚未考上律師前常去的豬肉湯飯店。原來，他七年前曾沒錢付帳就跑掉，這次回到釜山，他一定要來贖罪，當他向老闆娘順愛遞上一包信封袋，表示是來還七年前欠的飯錢，順愛將錢推回去，她說：「舊帳要用人情還，不是用錢。」

之後佑碩常常帶人來光顧順愛的豬肉湯飯店。一天，他帶著高中同學來光顧，在杯觥交錯中，其中一位當記者的同學光澤突然批評起政府亂抓示威群眾，佑碩不喜聽到光澤的評論，他回嘴：「爲什麼？因爲他們違法啊……都念到首爾大學，就只會抗議示威，把他們抓進去關，是有哪裡做錯？」光澤譏諷佑碩：「……就算賺錢再怎麼忙，也該去了解這個世界時局啊，虧你還是個律師！」兩人一言不和大打出手，將豬肉湯飯店打得一團亂。當所有同學離開後，老闆娘順愛看著佑碩的傷口，急忙出門幫他買藥。

店裡只剩下佑碩與正在收拾殘局的老闆娘兒子鎭宇。佑碩看著低頭蹲在地上清理的鎭宇，若有所感，他隨口問了鎭宇。

佑碩：「你沒參加示威吧？你媽這麼辛苦供你唸書，有就太不應該了……」

鎭宇（頭也不抬）：「參加示威要判刑的話，那逼人上街示威的人，該受什麼罰？」

佑碩（頗受震撼）：「你在說什麼啊……如果抗議能改變世界，那我早就去了？你以爲社會那麼容易改變嗎？以卵擊石，沒有用的。」

鎭宇緩緩站起來，眼神堅定的看著佑碩：「石頭再堅硬，也是死的，雞蛋再脆弱，也是有生命的。岩石最終只會分解成細沙，雞蛋則會孕育出新的生命。」

有一天，佑碩又如幾年前般，拎著一箱果汁，拜訪前輩金光弼律師。原來，他想擴大律師業務，想成立如首爾律師事務所那般，有個律師團隊。但因爲他的輩分不夠，希望能邀請金光弼律師加入。但是金光弼律師卻因爲剛剛接到一通電話，知會他政府以違反戒嚴法與國安法名義，逮捕一群釜山組織讀書會的大學生。金光弼憂心忡忡，因爲他的律師執照剛被吊銷，正爲了無人爲那群大學生辯護而煩惱著。苦惱中的他，聽了佑碩的「宏圖大願」，不禁仰頭苦笑，忍不住說道：「謝謝你的提議，但我們不是同道中人，吃的飯不一樣，視野也不一樣……」佑碩碰了個軟釘子，只好尷尬的走了。這段戲，金光弼幾句話就與佑碩劃清界限，將佑碩的自尊心打到谷底。飾演佑碩的宋康昊將這個被徹底看輕的角色當時羞慚又尷尬的神情演得精準又到位，讓人看得不忍，眞想幫他挖個地洞鑽進去。

片中的佑碩熱愛開帆船，他的稅務法律諮詢業務讓他賺了不少錢。他不但擁有個人的帆船，更想參加一九八八年在韓國舉辦的奧運（盧武鉉在當律師時也是熱愛帆船運動者）。這一天，金光弼律師特別到海邊看佑碩，上了岸的佑碩叨叨絮絮跟金光弼說著他的奧運大夢，他說他目前最大的心願是能幫國家做點事。金光弼滿腹心事，最後才吞吞吐吐地向佑碩提出希望能幫他接一案件。佑碩二話不說表示願意，但一知道是關於釜山讀書會違反國安法的案件時，他又縮了回去，尷尬地向老大哥金光弼表示，自己只是個愛錢的稅務律師，金光弼搔了搔頭，說了句：「我懂了！」就頭也不回地大步離開。

但是該來的還是來了。一日，豬肉湯飯店的老闆娘順愛，帶著一張鎮宇的出庭通知書來找他，原來鎮宇涉嫌讀書會活動而被逮捕。順愛想去拘留所探視鎮宇，卻以不合規定被拒絕，所以順愛拜託佑碩能以律師的身分帶她去探視鎮宇。佑碩沒馬上答應，但他回家思索再三，回頭找順愛，祈求她的原諒，他表示願意帶她去看鎮宇。

拘留所果然百般刁難，但佑碩馬上搬出法律，要求拘留所守法，否則就要提告的威脅下，警方終於讓步，同意他們與鎮宇會面。已經被折磨得不成人形的鎮宇一看到順愛，嚎啕痛哭。佑碩掀開鎮宇的上衣，背部一塊塊瘀青，顯然是被動過私刑。佑碩發覺鎮宇的案子似乎不單純，他急急跑去找金光弼律師，請教他讀書會是什麼案件？罪名是什麼？原來，這是政府指控這些大學生是閱讀煽動性內容的顛覆書籍，讚揚反政府的團體。但這只是一開始的藉口，最主要還是要透過偵訊來羅織罪名……

佑碩這時才開始一本本去閱讀這些政府所謂的顛覆性書籍，像是《何謂歷史》、《分裂時代的歷史意義》。當他讀得越多，越了解政府逮捕行爲的荒謬。他主動向金光弼表示，願意接這椿違反國安法的案子，他想親自爲鎮宇辯護。

爲了定罪而羅織罪名

開庭前，佑碩與檢察官依照慣例前往法官辦公室打個招呼，法官在佑碩離開前，叫住佑碩，特別提起他最近承接的海東建設公司稅務官司，對佑碩會接這種幫共產黨辯護的案子感到不可思議。法官的反應，顯然對此案已有心證。果然，一上法庭，鎭宇等一群大學生像罪犯般雙手被銬，全部綁在一起受審。佑碩馬上以審判應以無罪推定爲原則，他無法接受把被告當成罪犯的做法，要求法官應馬上解除鎭宇等人的手銬、繩索。佑碩引經據典，論述鏗鏘有力，迫使法官不得不下令解除鎭宇等人的鐐銬。但是，接下來的攻防，完全是一面倒，法官只採信檢察官所提的證據，不顧佑碩提出這些自白是遭到刑求所得來的抗議……

第一次法庭的攻防，顯然是大挫敗。出了法庭，與佑碩共同辯論的律師朴秉浩警告佑碩，不要惹毛法官，他告訴佑碩違反國安法案件的訴訟重點只有一個，就是「協商減刑」。佑碩不接受朴律師的說法，他認爲那些孩子並沒有做錯事，而且鎭宇全身瘀青，顯然是被刑求，那些自白根本不能採信！但是朴秉浩認爲，最好的訴訟策略就是要趕快讓那些孩子認罪協商，爭取減刑，將損害減到最小，才是對那些大學生最好的處理方式。但是，佑碩完全不苟同，他相信鎭宇是無辜的，他認爲律師的職責就是去證明它！

第二次辯論庭，針對檢方提出鎮宇讀書會閱讀的顛覆書籍進行攻防。檢方所提的專家證人指出《何謂歷史》的作者卡爾（E. H. Carr）是居住在蘇聯的共產黨員。

佑碩：「卡爾不是蘇聯人，爲何會住在蘇聯？」

證人：「他住在蘇聯很多年。」

佑碩：「所以他是蘇聯的共黨分子？」

證人：「我用生命擔保。」

佑碩：「他住過蘇聯？爲什麼？不是俄國人爲何住在那裡？卡爾是英國的外交官，駐蘇聯的英國大使。」

檢方：「辯方律師無法證明這些說法。」

佑碩回頭拿出他所準備的英國大使館電報交給法官。

他對著法庭的觀眾，大聲唸出電報內容：

「卡爾生於倫敦，畢業於劍橋大學，他是英國備受敬重的歷史學家與外交官。《何謂歷史》並非提倡共產信仰，我們鼓勵更多讀者閱讀這本書，英國外交部敬上。」

佑碩：「英國身爲我國盟邦，你爲了將這些學生判刑，就說他是共產主義者！」

電影中所描述的卡爾確有其人，他在二次大戰前是英國外交官，也的確駐過蘇聯，後來辭掉外交工作成爲專職學者，是當代國際關係理論的重要奠基者，其主要著作包括：電影中所敘述的《何謂歷史》（*What is History?*），在台灣也有中文譯本，最早的譯本是一九六八年幼獅出版社出版，最新譯本則是五南圖書在二〇一三年出版。讓他在國際關係學界一舉成名的著作是《二十年危機》（*The Twenty Years' Crisis*），內容主要是以權力政治角度講述一九一九到一九三九年間國際秩序崩壞的過程，以及爲何二次大戰必然爆發，此書被譽爲古典現實主義（Classical Realism）的經典之作。不過，在個人思想上卡爾的確是比較左傾，其醉心於研究蘇聯並提倡英國與蘇聯合作，這也使他在戰後的學術生涯上面臨一定的壓力。

第三次辯論庭，佑碩更是有備而來。他說，鎭宇進入拘留所前是六十四公斤，短短兩個月竟驟減爲五十三公斤，藉此一步步揭發鎭宇等大學生在拘留所裡所遭受的非人待遇，更直指這些自白書全都是刑求後所寫下的結果。「這些自白不能也不該作爲證據！」佑碩指證歷歷，引發旁聽的被告親人們的躁動，法官眼見無法再繼續審理，宣布休庭。他將檢方與律師雙方叫上前，希望協商刑期。但是，佑碩不同意。

佑碩優異的辯護技巧，讓檢方屢屢在法庭攻防敗下陣來，國安單位決定改對佑碩的律師業務下手。沒多久，佑碩的最大客户——海東建設即要求佑碩放棄讀書會案子，否則就要換掉他，重新找律師。但是佑碩不爲所動，決定跟海東建設公司解約。而佑碩的生活也開始受到騷擾，大批民眾對著佑碩辱罵他是共產黨的走狗，對他丟雞蛋。

接下來的辯論庭，法院乾脆禁止被告的親友進入旁聽。佑碩一走進法庭，一群穿著類似、占滿旁聽席的男人不約而同的轉過來，不懷好意的盯著他。這次佑碩提訊逮捕鎮宇的警察車東英。

佑碩：「你逮捕時，有出示逮捕令嗎？」

車東英（一臉不屑）：「律師，你好像不太懂法律。國安法案件不同一般案件。先逮捕後，才申請逮捕令。我可以等律師研究完國安法再來。」旁聽席的民眾鼓噪：「是啊，先回去唸書吧！愚蠢的高中生。」眾人一陣訕笑。

佑碩：「你唯一的證據，只有他們的自白嗎？」

車東英：「這些狡詐的共產黨，從不留下證據！思想罪犯會有什麼證據？國安法著重在自白！」

佑碩：「憲法禁止僅以自白定罪，難道國安法凌駕憲法嗎？」

車東英：「別問我，我只是依法行事。」

佑碩：「你怎麼判斷這攸關國家安全？」

車東英：「我已經幹了十三年，光看一眼就知道這是國安法案件。」

佑碩：「是嗎？那我問你，如果我支持阿里，而非福爾曼，是不是違反國安法？根據你的說法，金日成若支持阿里，那我就有罪！幾個學生參加讀書會，如何判斷他們違反國安法？依據是什麼？」

車東英：「不是我，是國家來判斷。」

佑碩：「國家？你說的國家是什麼？」

車東英：「你身爲律師，不知道國家是什麼？」

佑碩：「我太知道了！憲法第一條第二項，主權屬於人民，所有權力均由人民賦予，人民即國家！你以國安爲前提，毫無法律根據踐踏國家，那些軍人以武力取得政權，他們才是你的國家。」

穆罕默德・阿里（Muhammad Ali）和喬治・福爾曼（George Foreman）是當時世界前後任的重量級拳擊冠軍，佑碩用這個例子來諷刺車東英這類政權鷹犬的思想荒謬。其實，電影裡面也有一段車

警官車東英是威權時期統治者鷹犬的代表

來源：IMDB電影網站http://www.imdb.com/title/tt3404140/mediaviewer/rm3690452736

東英聽到國歌，就立刻立正站好的劇情，並且說自己的父親死於韓戰。暗示他痛恨共黨、效忠政權的行徑其來有自。

佑碩最後用盡全身力氣，一字一句從牙齒縫迸出這段鏗鏘有力的陳述。但旁聽席不斷有人鼓噪，叫他閉嘴、滾出去！車東英似乎受了震撼，默然無聲。佑碩再詰問他，是否曾刑求被告，取得自白，但車東英否認。佑碩提出被告的受虐照片，但車東英反駁那是被告自虐造成的。佑碩扯著喉嚨，對著車東英大罵：「不要胡扯，說出眞相！你覺得自己愛國嗎？還差得遠，你是啃食無辜，國家的寄生蟲！」佑碩的詰問，觸怒旁聽觀眾，紛紛叫他滾出去，在法庭内叫囂了起來，法官竟不維持秩序，反而叫法警將佑碩架出法庭。

回到律師事務所，發現事務所一片狼藉，祕書哭著說，因爲被指控逃漏稅，辦公室被搜索了。回到家，妻子一臉憂愁，她說她接到一通不明來歷的電話，對方告訴她，他們知道建宇（佑碩的兒子）唸哪一班？老師是誰？然後就掛了。妻子求佑碩結束這個案子，佑碩沉默不語。

韓國的白色恐怖

當時，韓國全斗煥政權以國家安全之名整肅異己的做法，與台灣戒嚴時期國民黨政府逮捕，並關押政治犯的行徑並無二致，都是戕害人權的行爲。雖然聯合國早在一九四八年就通過《世界人權宣言》，宣示在全球範圍內所有人類都應該享有的權利，此等權利包括：生命權、自由權、財產權、尊嚴權及追求幸福的權利。此後，許多國家也在憲法中宣示國家主權屬於全體國民，所有人民不分種族、宗教、黨派一律平等。本片中宋佑碩也引用了韓國憲法第一條第二項「大韓民國主權屬於國民，所有的權力都由國民產生」來反駁檢方。但是，在冷戰的大環境下，許多威權統治者都以保障國內政治秩序之名逮捕異議人士，並將之判刑，明顯違反不得因思想將人入罪的憲法理念。在台灣，白色恐怖時期以肅清匪諜之名所製造出的冤案非常多，著名的有「澎湖七一三事件」、「孫立人部屬郭廷亮案」、「柏楊案」、「彭明敏案」、「雷震案」、「中壢事件」、「美麗島事件」、「陳文成事件」等等。直到一九八七年解嚴之後，許多白色恐怖時期的冤案才被重新檢視。在韓國，要求政治平反與言論自由的運動迫使全斗煥在一九八七年宣布修憲，進行總統直選，進而開啓之後的民主化潮流。

面對國安單位的內外交迫，反讓佑碩越挫越勇。年輕的軍醫尹尚柱中尉受不了良心的苛責，他想辦法聯繫到佑碩，表示他願意出面指證車東英等人刑求的事實。在最後審判庭，佑碩透過記者同學光澤，向國內外媒體發布媒體通知，當天法庭擠滿了國內外各大媒體記者。當佑碩提出傳訊證人尹尚柱中尉時，檢方表示事先並未告知，表示不能接受。但法官看了滿庭記者，心裡縱然不願，也不得不同意佑碩的請求。

佑碩：「你爲何與刑警一起工作？」

尹尚柱：「我被派去協助反共調查。」

佑碩：「你的職責是什麼？」

尹尚柱：「緊急醫療救助和治療。」

佑碩：「爲何需要醫療與救助？他們遭到虐待嗎？」

尹尚柱：「是，他們遭到虐待……」

旁聽席上傳來陣陣驚嘆、抱不平的聲浪，旁聽的家屬情緒躁動不安，國內外記者們紛紛振筆疾書。眼見法庭秩序快要失控，法官頻頻敲著法槌，要求大家安靜。

佑碩繼續追問：「他們的刑求方式是什麼？」

尹尚柱：「毆打、水刑、電刑、倒吊、幾天不許睡覺，窮盡一切凌虐手段……」

佑碩：「眞相終於大白，事件簡單明瞭，有證人、有證言，這場審判針對的是侵犯人權，無關國家安全，辯方律師主張被告朴鎭宇，以及其他被告人全部無罪。」

正當佑碩與旁聽席的被告家屬以爲證據確鑿，勝券在握時，這時檢方卻向法庭提出尹尚柱軍醫不假外出，擅離職守，憲兵已在法庭外等著逮捕證人爲由，要求休庭，並且作證無效。法官竟然接受檢方的請求，同意休庭，刪除證詞。佑碩氣得衝向法官，抗議絕對不能讓人將尹尚柱帶走，但他仍無法阻止，只能眼睜睜的看著憲兵步入法庭，將尹尚柱帶走。最後佑碩只能接受認罪協商……

當年的「釜林事件」審判，法庭最後判處二十二名被告中十九人一到七年不等的有期徒刑，此事件也成爲盧武鉉一生的轉捩點。如同電影最後所描述的，佑碩從此走上民主運動、抗議政府之路。電影最後一幕，佑碩在一九八七年的示威活動時被逮補，釜山一百四十二名律師中竟然有九十九名律師自願爲其辯護，過去一直爲人所輕視，只有高中畢業，只愛錢的律師宋佑碩，在那時已成爲許多律師的典範。現實中的盧武鉉也在一九八八年首次當選國會議員，正式步入政壇。

盧武鉉vs.陳水扁

觀看「正義辯護人」男主角發展歷程，實在訝異盧武鉉的崛起與命運與台灣前總統陳水扁竟然是這麼驚人的相似！兩人皆出身鄉下貧戶，經過苦讀成爲律師。最初兩人專精於商用法律，盧是稅務、陳是商業，也做得非常成功。兩人如果依此方向發展，都是名利雙收的大律師。但是歷史的機緣，都讓他們成爲走在時代風尖浪頭的改革人物，他們前後擔任政治事件的辯護律師。盧武鉉擔任「釜林事件」的辯護律師，陳水扁則是「美麗島事件」的辯護律師，兩人因此開始關注民主運動，進而步入政壇。盧武鉉於一九八七年當選總統，被稱爲「平民律師總統」，陳水扁於二〇〇〇年當選總統，被稱爲「台灣之子」。但兩人皆在總統卸任後，涉嫌任內貪汙收賄被調查，盧武鉉因不堪調查的恥辱，於二〇〇九

盧武鉉過世後在首爾市政廳前所設的靈堂
來源：維基百科共享資源https://commons.wikimedia.org/wiki/File:RohMoo-hyun.jpg
照片提供者：Peter Rimar

年跳崖自殺，而陳水扁則被判刑入獄，目前正保外就醫中。

今日的韓國與台灣同爲世界民主模範生，但是兩個社會過去都曾經歷經強人的威權統治，發展軌跡有許多相似的地方。本片大篇幅描述全斗煥時期，政府爲打壓異議聲音，如何非法逮捕、刑求取供、羅織入罪的種種手段，從律師的角度批判政府的非法與不義，是一部探討轉型正義與人權的佳作。

韓國民主化後，對過去的威權體制有非常多的批判與究責，相關的影視作品也不少。除了前面提到的「我只是個計程車司機」之外，另一部二〇〇七年的韓國電影「華麗的假期」也值得一看。兩片的背景都是一九八〇年五月的「光州事件」，當時南部的光州及全羅南道市民爲抗議全斗煥獨裁統治，展開大規模的示威活動，全斗煥政權派軍隊強力鎮壓，造成數百人死亡，上千人受傷。而「光州事件」後，全斗煥政府以防杜共產赤化的名義，進一步打擊整肅各種社會運動，「釜林事件」就是在這個時空背景下發生的軍警濫捕、屈打成招的冤案。反觀台灣，過去威權時代的經歷與爭取民主化過程與韓國相近，本片中的法庭與刑求場景在台灣也都曾出現過。雖然，政府已經立法補償政治受難者，但至今少有電影以這些事件爲背景題材，可見在人權保障與轉型正義的自省上，台灣與韓國還是有段不小的距離。

9

南非總統曼德拉致力於族群和解的溫馨故事——打不倒的勇者（*Invictus*）

彩虹國家從此開始，和解從此開始，原諒也從此開始。原諒可以解放心靈，消除恐懼。

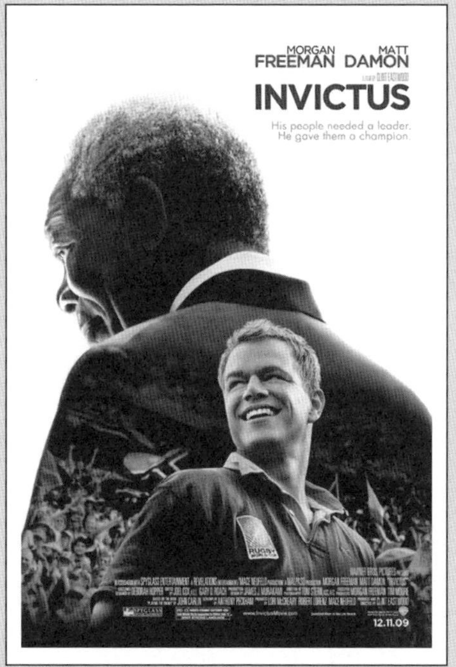

美國、南非／英語、南非語、祖魯語
二〇〇九年出品

導演：克林・伊斯威特（Clint Eastwood）
編劇：安東尼・裴克漢（Anthony Peckham）
原著：約翰・卡林（John Carlin）
來源：IMDB電影網站http://www.imdb.com/title/tt1057500/mediaviewer/rm469405184

南非的種族隔離政策

「打不倒的勇者」改編自約翰・卡林（John Carlin）二〇〇八年出版的小說*Playing the Enemy: Nelson Mandela and the Game that Made a Nation*，描述南非共和國國父納爾遜・曼德拉，藉著舉辦世界盃橄欖球賽，跨越種族歧見鴻溝，凝聚國族感情。南非自一九四八年實施種族隔離政策，禁止有色人種參與運動賽事，對於南非的種族歧視作爲，國際體育協會也對其反制，刻意孤立南非，最終將其排除在國際比賽之外。本片的背景設定於一九九五年世界盃橄欖球賽，正是南非解除種族隔離後，所舉辦的第一場國際賽事，甫當選總統的曼德拉，爲撫平南非黑白種人長久的對立，藉著比賽公開支持白人所熱愛的「跳羚隊」（Springboks），並助其拿下世界冠軍，贏得白人的信任，同時也凝聚了黑人對國家的向心力。

南非的種族隔離政策遲至二十世紀末才解除（一九四八－一九九四），世界文明經過兩次大戰的反省，尤其對西方社會而言，在種族議題處理上都是特別小心。但在南非，卻是反其道而行，尤其在第二次世界大戰後，歐洲移民白人（Afrikaans，阿非利卡人）所掌握的政府爲繼續延續其政經上的優勢，採取了更極端的種族隔離措施，例如，種族隔離分區居住、禁止跨族婚姻、公共設施隔離使用、剝奪有色人種的參政權等等。其中最著名的事件是「開普敦第六區（District 6）事件」。一九五〇年《種族分區法》通過，南非政府指定開普敦第六區爲白人住區。但事實上，第六區早已居住了六萬多名各種族的居民，且世居於此。南非政府爲強迫該區居民搬遷，粗暴地將該區所有建築，除了教堂等少數建築外，全部拆除。一九九四年種族隔離政策結束，該區規劃爲「第六區博物館」，成爲記錄南非種族隔離的代表性地標。一九八七年上映的一部電影「哭喊自由」（Cry Freedom）描述的正是種族隔離時期南非政府迫害黑人民權鬥士，並進行新聞封鎖的情況。由當時還很年輕的丹佐・華盛頓（Denzel Washington）主演，可以一看。

黑白種族間的歧異

「打不倒的勇者」一開始的幾個鏡頭，就很簡明地將南非黑白種族截然不同的境遇與文化做了非常鮮明的對比。在電影一開始，我們可以看到穿著同一款式整齊球衣的少年選手在有著美麗草皮的橄欖球場練球，球場設備完善，孩子們在教練的指導下做練習。鏡頭慢慢向左移動，越過球場，隔著一條馬路，另一邊零零落落的籬笆內，枯黃的草地上，一群瘦弱的黑人小孩就著簡陋的設備，高興的踢著足球。簡單的幾個場景，讓觀眾看到當時南非白人的優渥與黑人的貧窘：黑人在充滿剝削、歧視的環境中，也發展出一套抵制白人的文化——白人喜歡玩橄欖球，那我們就來玩足球。

馬路上突然響起一連串尖銳的警笛聲，一列警車車隊呼嘯而過。馬路兩旁的孩子聽到警笛聲，不約而同停下球賽，黑小孩們興奮的跑向路旁，大喊「曼德拉！曼德拉！」；而另一邊的白人少年，則冷漠的看著車隊經過。原來，是載著曼德拉的車隊，曼德拉在被囚禁二十七年後，終於在一九九〇年二月十一日被釋放。

南非在一九四八年實行種族隔離政策之後，有色人種和部分支持種族平權的白人共同成立非洲民族議會，宣示不分膚色都享有同等政治權力。一九六〇年後，該組織改採取武裝反抗政策，成立軍事團體「民族之矛」（Spear of Nation），與南非統治當局進行直接軍事抗爭，而曼德拉就是這個團體的總司令。當時，非洲民族議會被部分國家視爲恐怖組織，但因爲其高舉民族平等、終止種族隔離政策的崇高目標，因此也獲得部分國家如蘇聯、中國、莫三比克的支持。一九六二年曼德拉被南非政府逮捕，並判處終身監禁。此後，他總共在監獄內待了近二十七年，其中十三年被監禁在開普敦灣中的羅本島（Robben Island）。

一九八〇年代末期，因爲執行種族隔離政策而遭到國際制裁的南非白人政府改變政策，願意與非洲民族議會談判；而後者在冷戰結束之後，也失去蘇聯及共黨國家的支持，因此同意和白人政府接觸。當時的南非總統弗雷德里克・威廉・戴・克拉克（Frederik Willem de Klerk）主導一系列的改革政策，先是將曼德拉從監獄釋放，之後逐步修改法律，廢止與種族隔離政策相關的法令。一九九三年戴・克拉克與曼德拉同獲諾貝爾和平獎殊榮。二〇〇九年的英國電影「間諜交鋒：搶救曼德拉」（Endgame）講述的正是種族隔離政策後期白人政府與非洲民族議會祕密談判的過程。

曼德拉被釋放後，南非卻陷入非洲民族議會與其他黑人團體間權力的拉扯。根據當時的報導，這是白人政府故意提供武器給黑人團體，用意在於煽動暴力，造成國家分裂。而曼德拉爲弭

曼德拉（右）與共同推動終止種族隔離政策的前任南非總統戴・克拉克（左）
來源：維基百科共享資源https://commons.wikimedia.org/wiki/File:Frederik_de_Klerk_with_Nelson_Mandela_-_World_Economic_Forum_Annual_Meeting_Davos_1992.jpg
原始出處：Frederik de Klerk & Nelson Mandela-World Economic Forum Annual Meeting Davos 1992. World Economic Forum (www.weforum.org)

平這些暴力衝突，到處演講、議和。經過四年的談判，南非終於在一九九四年舉行不分種族的平等選舉，這是黑人頭一回有權投票。一如預料，曼德拉當選總統。

種族和解才是國家最大挑戰

當選總統，不是曼德拉爭取種族平等的終點，而是挑戰的開始。當時的南非經濟停滯，失業率高漲，連帶的是犯罪率不斷上升，而他還要調和黑人對他選上的期待，與白人的恐懼，因爲他不只是黑人的總統，也是白人的總統，種族和諧是他當選總統面對的第一項要務。

當曼德拉第一天踏進總統府，他看到總統府白人職員愁雲慘霧，正在打包行李，他立刻召集所有工作人員。這些舊政府時代的員工不知道這位黑人總統召集他們想做什麼，他們只能想到：「難不成他非得親口把我們開除才開心嗎？」當他們坐滿一室，曼德拉笑著走進會議室，親切地對這些驚疑未定的員工打招呼，他對著這些工作人員說道：「……如果你們想離開，那是你的權利，如果是你內心感覺你無法與新政府合作，那你最好離開。但如果你打包是因爲你的恐懼、你的語言或是你的膚色，或者你之前服務過不同的人，我在此告訴你，不必恐懼，過去已經過去，就讓它過去吧……我們需要你們的協助，如果你想留下，你會對你的國家貢獻良多。我只要求，你竭盡所能，善盡本分，並帶著一顆誠摯的心，我保證我也會如此……」

曼德拉的護衛人員，因為曼德拉的當選，也隨之擴大編制。但是新調派的四位護衛人員卻是從政治保安處派過來的。曼德拉的隨扈傑森（Jason Tshabalala）看到這個總統派令，非常不滿。他情緒激動地向曼德拉抱怨政治保安處就是舊政府執行暗殺反對分子的單位，而且常常得逞，搞不好也包括這四位，但是「今天他們卻拿著閣下您的派令向我報到」。曼德拉拿起派令，一派輕鬆地表示：「這個派令沒有錯，這些人受過非常精良的勤務訓練，經驗豐富也保護過戴．克拉克，我希望人民在公共場合看到我時，也同時看到我的護衛。你們代表了我，彩虹國家從此開始，和解從此開始，原諒也從此開始。原諒可以解放心靈，消除恐懼，所以它的能量才會如此強大。」他要求他的隨扈試著跟這些白人護衛相處。傑森縱然百般不願意，但也只能接受。

當傑森拿著總統行程，與新來的白人護衛討論時，黑白兩派又對行程中橄欖球賽抬槓起來。這段對話顯露出當時橄欖球賽對白人的意義，與黑人如何看待橄欖球賽。

白人護衛：「他怎麼會有這麼多行程，難道他都不休息的嗎？」

黑人護衛：「他在獄中休息夠了。」

黑人護衛：「這傷腦筋了，橄欖球賽，『英國隊』對上『跳羚隊』。」指著行程表，搖了搖頭。

白人護衛：「『英國隊』一定很傷腦筋，我們一定要打敗他們。」興奮的握拳。

黑人護衛：「我不在乎球賽，我只在乎總統！在上千名喝茫的白人……」瞪了瞪白人護衛，顯然對他們的反應不以為然。

白人護衛：「你是指球迷……」

黑人護衛：「是的，球迷。那些沒投票給他的人……那些打娘胎就種族歧視的暴徒。」

球賽當天，南非洛夫托斯球場坐了滿滿的觀眾，但觀眾席揮舞的多是南非舊政府國旗，交雜著少數的新政府六色新國旗。當曼德拉出場時，觀眾也是歡呼與噓聲並起，有的觀眾起身鼓掌，也有的雙手抱臂，冷漠以對。曼德拉逐一對「跳羚隊」的選手祝福，然後走向觀眾席，神采奕奕地對那些喝倒采的觀眾握手打招呼。球賽激烈地進行著，但只要「英國隊」達陣，黑人觀眾就是一陣歡呼。這場比賽，「跳羚隊」一路輸到底，曼德拉觀察著觀眾，他向他的祕書說：「所有的白人都爲『跳羚隊』歡呼，所有的黑人都爲『英國隊』加油，我們在羅本島上監獄就是如此，我們爲『跳羚隊』以外的隊伍歡呼，搞得守衛都很生氣。」

「跳羚隊」的大失敗，剛好成爲體委會改革的理由。「跳羚隊」是白人菁英球隊，過去是黑人族群痛恨的標的，因爲「跳羚隊」代表的就是種族隔離。它綠金色的隊服，黑人縱然再窮，沒有衣服穿，也不願意拿這件衣服，因爲一穿上它，會被其他的黑人痛扁。在新政府上台後，許多改革意見紛起，包括它綠金色的隊色、隊徽與隊歌。但是曼德拉對這支隊伍卻有不同的想法。當體委會開會決定將南非所有國家隊改名爲Proteas（帝王花，盛產於南非，後來爲南非的國花），曼德拉接到消息，放下手邊貿易談判會議，馬上趕往體委會。他向所有的體委會執委表明，他希望恢復「跳羚隊」的傳統隊色、隊徽與隊歌。他說道：「過去白人是我們的敵人，但現在我們戰勝了，他們不再是我們的敵人，他們是我們的同胞、民主的同伴。他們珍視『跳羚隊』，如果我們剝奪這支隊伍，我們會失去他們。現在不是我們報復的時候，現在是我們建立國家的時候。」

當時曼德拉身邊的幕僚都無法理解，南非眼下有數不盡的問題，住宅、食物、工作、犯罪、經濟不振……種種問題，爲什麼要花那麼多的心血力保「跳羚隊」？但是曼德拉認爲，白人仍把持著國家警力、軍隊與經濟，假如失去了他們的信任，這些問題根本無法解決。剝奪白人熱愛的球隊與他們的國歌，雙方的恐懼循環只會加劇，國家只會被摧毀。

利用運動凝聚國族共識

此時的南非，雖然已經廢除種族隔離政策，但是就如同世界上其他歷經民主化過程的社會一樣，如何消除族群之間的仇恨，讓過去彼此敵對的群體之間建立信任，其實並不容易。電影中可以看出，曼德拉利用運動作爲重新建立族群信任的做法，並沒有獲得其幕僚的支持，但是他仍然決定孤注一擲，支持過去被視爲少數白人菁英代表的「跳羚隊」。

曼德拉親自打電話給隊長法蘭索瓦・皮納爾（Francois Pienaar），邀請他到總統府一敘。法蘭索瓦，包括他的家庭，一如大部分的白人菁英，都不是投票給曼德拉的人，所以當他接到曼德拉的邀約，內心充滿疑問。他忐忑不安地步入總統府，一踏進曼德拉辦公室，曼德拉見到他，就問他的腳傷如何？就像是老朋友般的熟稔，曼德拉的親切問候，讓他有點不可置信。接下來，曼德拉親自爲他倒茶，閒話家常，法蘭索瓦才漸漸自在起來。曼德拉對法蘭索瓦提到，他在一九九二年受邀參加巴塞隆納奧運時，體育場內所有人唱了一首歌歡迎他，而那時候，對他、對南非而言，看似前途無望，但聽到那首歌，從全球各國人口中唱出，使他以生爲南非人而驕傲。那首歌鼓舞了他，讓他對自己有更多的期許，那首歌就是「天佑非洲」（Nkosi Sikelel' iAfrika，是南非種族隔離時期，黑人反抗運動時標誌性歌曲，以非洲豪薩語演唱，是當時南非雙國歌之一）。他語重心長的對法蘭索瓦表示：「我們需要激勵人心，因爲是爲了我們的國家，我們都必須超越我們的期望。」曼德拉向法蘭索瓦提出要求，希望他能帶領「跳羚隊」贏得世界盃橄欖球賽。但是「跳羚隊」當時的實力，最好的成績頂多是擠進八強。

但曼德拉對「跳羚隊」的要求不僅於此，他還要求球員們必須到全國各地指導民眾打球。此後，漆著「跳羚隊」金綠色的大巴士不斷深入南非各鄉鎮，指導當地孩童玩橄欖球，並將影像散播到全國，讓全國人民看到「跳羚隊」的白人球員，不再是專屬白人的球隊，他們也與黑人小孩玩成一片。曼德拉此舉是希望藉著球員下鄉，塑造「跳羚隊」是國家球隊的公關形象，凝聚全國共識，而這就是當時曼德拉推動的One Team, One Country（團隊即是國家）。

一九九五年的世界盃橄欖球賽在南非舉辦，「跳羚隊」第一場面對的球隊是澳洲隊，但是依實力，多數人均認爲南非隊是不可能打敗澳洲，尤其「跳羚隊」一年來不但要練習，還要到各地做宣傳，評論者都認爲他們已經精力耗盡，不可能贏得比賽。爲了激勵球員，曼德拉苦背了所有球員的名字，搭直升機到他們練球的球場，握住每一個球員的手，一一喊出球員的名字，爲他們加油鼓勵。也許是曼德拉的激勵，「跳羚隊」第一場竟然打敗了澳洲隊。這一場勝利，鼓舞了許多南非人。

在新政府命令下，「跳羚隊」下鄉指導貧童們踢球
來源：IMDB 電影網站http://www.imdb.com/title/tt1057500/mediaviewer/rm3094056448

接下來的賽事，「跳羚隊」無往不利，過關斬將，一路挺進決賽。而此時，橄欖球賽儼然成爲南非舉國盛事，不只是白人熱衷，黑人也開始關注這場賽事。「跳羚隊」所到之處，不論白人，連黑人都歡呼打氣。他們眞的成了代表國家的球隊了。過去對橄欖球嗤之以鼻的黑人隨扈們，也開始跟白人護衛討論起賽況，閒暇之餘，還組隊打橄欖球，當曼德拉看到他的隨扈們不再像以前那般針鋒相對，可以一起打球時，他反過來問他的幕僚：「你們還認爲我浪費時間在橄欖球上嗎？」

決賽時，「跳羚隊」將會對上一支非常強勁的隊伍——紐西蘭的「黑衫軍」，這支隊伍場場都以極大的比數打敗對方，再加上它在比賽前的毛利戰舞，氣勢非凡，往往能達到震懾對手的效果。依照評估，「跳羚隊」如果要打敗「黑衫軍」，不但要改變以往的戰術，在氣勢上也要出其不意。雖然體育部長認爲，「跳羚隊」不論在場內還是場外，已經超出預期內的成就很多，如果決賽輸了，也沒有什麼遺憾；但是曼德拉則認爲絕不能輸，他覺得國家需要一個「偉大」的典範。

決賽當天，爲了營造「跳羚隊」的氣勢，比賽一開始，一架波音七四七違反航空管制，低空從球場上空飛過。當觀眾看到七四七這龐然大物的陰影掠過球場，都嚇了一跳，更讓曼德拉的隨扈緊張了一把；但當他們抬頭，看到機腹上寫著「祝好運，跳羚隊」（Good Luck Bokke）時，全場觀眾爲之瘋狂！當曼德拉穿著綠金色球衣，這個過去象徵種族隔離的衣服上場時，更是鼓舞了所有的人；但最不可思議的是，開始演奏南非國歌「天佑非洲」時，「跳羚隊」所有的球員都張口唱著這首以非洲方言寫成的歌曲，而這首歌過去是白人的禁歌。

曼德拉總統親自上球場向法蘭索瓦恭喜打氣
來源：IMDB電影網站http://www.imdb.com/title/tt1057500/mediaviewer/rm2506853888

「跳羚隊」開口唱「天佑非洲」透過電視轉播，傳送到南非的家家戶戶，此時，全國的凝聚力，可說是達到最高點。這場比賽並沒有之前預料的「黑衫軍」一面倒的局勢，反而是勢均力敵，兩隊一路纏鬥到最後。直到延長賽的最後七分鐘，「跳羚隊」還以九比十二落後於「黑衫軍」，隊長法蘭索瓦召集所有隊員，他指著場上所有搖旗吶喊為他們加油的觀眾，告訴大家：「聽到了嗎？傾聽你的國家，這是我們的命運！」在這最後七分鐘，南非隊全隊將士用命，不但追平比數，更反敗為勝。當終場哨音一響，不管是現場的觀眾，還是場外看電視、聽廣播的民眾，不論黑白都抱在一塊，激動不已，這時南非似乎已不見種族的藩籬……

偉大的革命家與政治家曼德拉

「打不倒的勇者」利用南非主辦一九九五年世界盃橄欖球賽的背景，敘述曼德拉苦心推動族群和解的作爲，是一部巧妙將政治與運動結合的電影。觀衆除了可以看到奧斯卡金像獎影帝摩根．弗里曼（Morgan Freeman）如何詮釋曼德拉之外，還可以看到導演克林．伊斯威特（Clint Eastwood）如何利用大螢幕重現一九九五年世界盃橄欖球賽的盛況。此外，眼尖的觀衆還會看到一些與主題無關，但是刻意安排的橋段。例如，曼德拉的海外出訪行程表上印的是台灣（還有國旗）。編劇似乎相當了解在曼德拉上台後，費心處理與台灣和中國關係（最後在一九九八年一月終止與台灣的外交關係）。但是，其實曼德拉只有在擔任總統之前的一九九三年來過台灣，前總統李登輝倒是在一九九五年親赴南非參加曼德拉的就職大典。此外，電影中也有一段曼德拉與其女兒的對話，看得出父女關係非常疏離，他與第二任妻子溫妮（Winnie Madikizela-Mandela）的關係也不佳，最後兩人在一九九六年離婚。至於，片中長期囚禁曼德拉的羅本島監獄，已被聯合國教科文組織列入世界文化遺產，片中法蘭索瓦所參觀的牢房，正是當年囚禁曼德拉的那一間。

在這裡還要特別推薦一部南非導演奈爾・布魯坎（Neill Blomkamp）二〇〇九年的電影「第九禁區」（District 9）。片名不但取法之前種族隔離時期的「第六區」，故事內容也大幅影射南非的種族隔離政策，只不過，角色變成地球人政府強制驅離原居於第九禁區的外星難民。此片將有色人種改爲形似「蝦子」的外星人，以僞紀錄片形式拍攝，雖然帶點笑鬧的黑色幽默，但這樣的設定，除了創意卻更具有深意！南非今日雖然已經沒有了種族藩離，但人類社會的歧視仍以各種形式存在著，階級、貧富、性別……等，尤其在面對與自身不同的物種與思想形態，人類能否時時保持著平等與同理心？這種無形的歧視，若不時時自我檢視與反省，在各個時代、各個地方仍然會發生。

10

二十世紀初英國爭取女性參政權先驅的故事——女權之聲：無懼年代（*Suffragette*）

如果要被囚禁才能爭取到投票權，那該被摧毀的是政府，而不是女人！

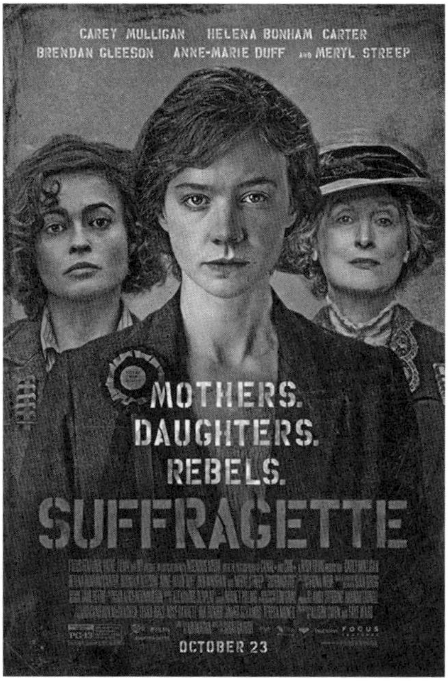

英國／英語
二○一五年出品

導演：莎拉・加夫隆（Sarah Gavron）
編劇：艾比・摩根（Abi Morgan）
來源：IMDB電影網站http://www.imdb.com/title/tt3077214/mediaviewer/rm314044160

「女權之聲」英文原名爲Suffragette，意即婦女參政運動者。十九世紀末到二十世紀初期，英國婦權運動先驅艾米琳・潘克斯特（Emmeline Pankhurst）爲爭取女性參政權，組織了「婦女社會政治聯盟」（Women's Social and Political Union, WSPU）。這個聯盟主張以激進的手段，如炸彈襲擊、縱火、石頭砸窗等等，表達婦女爭取投票權的訴求。當時，英國媒體即以Suffragette稱呼這個團體的成員。

人權不是天賦，必須要自己爭取

「普遍選舉權」（universal suffrage）是伴隨著現代民主政治所出現的概念，也就是在民主國家內，所有成年公民都具有投票參與政治的權利。但是，並非所有民主國家一開始就採行普遍選舉權。美國與法國大革命後，一開始也只有資產階級的成年男性擁有投票權。雖然美國的黑人在南北戰爭之後就擁有投票權，但是南方各州仍以財產、教育程度等方式限制黑人的選舉權，直到一九六四年《民權法案》（Civil Rights Act of 1964）通過之後，其投票權才獲得完全保障。

女性則是另一個選舉權受到剝奪的群體。英國雖然是現代民主政治的誕生地，但是一直到二十世紀初期，英國女性仍然沒有投票權。其實十八至十九世紀，英國謹慎試行民主的過程中，法律並未明令禁止婦女投票。但是，一八三二年《改革法令》（Reform Act of 1832）與一八三五年《市議會組織法案》（Municipal Corporations Act of 1835）——英國歷史上兩次最重要的選舉制度改革——確立投票權只給予成年男性之後，女性的投票權才被完全剝奪。這或許與當時的保守社會氣氛有關：十九世紀英國把女性視爲無法獨立生活的個體，必須依附於男人之下，當時的財產權、子女撫養權都屬於男性。

從電影Suffragette望文生義，可以知道講的是「婦女社會政治聯盟」（WSPU）的故事。但是，電影卻不是從潘克斯特這個赫赫有名的女權運動者切入，相反地，它杜撰了一個工廠女工茉德（Maud Watts），這個社會最底層的人物，相較於女權運動家艾米琳．潘克斯特風

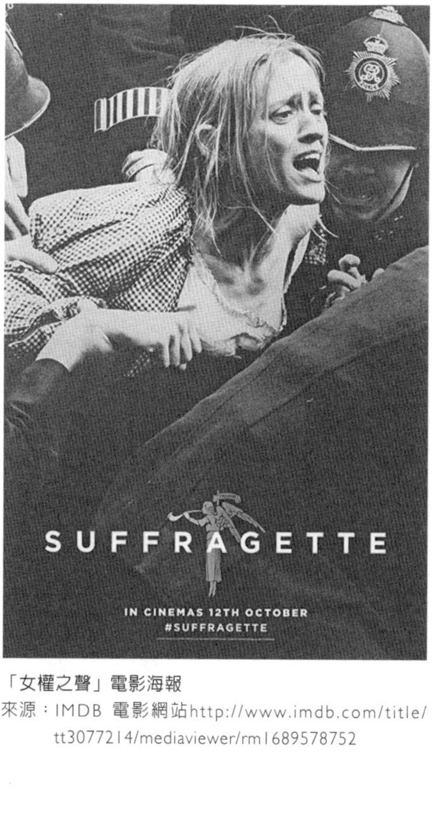

「女權之聲」電影海報
來源：IMDB 電影網站http://www.imdb.com/title/tt3077214/mediaviewer/rm1689578752

風火火的個性、舌粲蓮花的口才，茉德的個性溫和、順從，拙於言語表達。如果電影拍的是潘克斯特的故事，那一定是轟轟烈烈、高潮迭起，但因爲主角是茉德，故事的走向彷彿是場寧靜革命。它讓茉德這樣一個女性運動的旁觀者，以她身爲女性、母親的自身遭遇，逐漸了解到在男人主宰下的社會，對女性的剝削與不公。透過自身的覺醒，茉德從一個傳統柔順、服膺男性的角色，發展到可以挺身對抗警察的強悍女性。電影從茉德這個角度出發，除了看到當時女性爭取投票權的艱辛，更多的是讓我們看到一個女性自我覺醒的過程，可說是編劇與導演的高明策略。

一九一二年的倫敦，電影畫面裡一群女工在工廠賣力的工作著，而電影的背景聲，則是一個男人滔滔不絕的評論女人：「女人性格多變，心性不穩，對於政治事物，她們無法做出正確的判別，讓女人擁有投票權是對社會結構的損害，她的父親、兄弟、丈夫足以代表，一旦讓女人擁有投票權將一發不可收拾，她們會要求加入國會，成爲內閣部長或是法官……」

茉德在一家洗衣廠工作。一天，她被派到城裡辦事，她匆匆的上街，當時的倫敦街道車水馬龍，行人熙來攘往，她忍不住被商店櫥窗裡美麗的玩偶所吸引，沉迷地看著這些做工細緻的玩偶。冷不防地，從背後飛來一顆石頭越過她的肩膀，直直地擊破櫥窗玻璃，她嚇得後退，幾乎摔倒。伴隨著玻璃碎裂聲，一名憤怒的婦女站出來，怒吼：「女人應有投票權！」。「女性應有投票權！」、「女人應有投票權！」的抗議聲浪，在她背後不斷響起，更多的石頭丟向櫥窗，玻璃碎裂聲此起彼落。這些行動激烈，大聲喊口號的女性，行動一致，顯然她們的行動是經過組織的。這個突如其來的抗爭行動造成街頭的騷動，讓茉德在驚慌中擠上公車，驚魂未定地看著車外的這陣混亂。所以，「快閃」並不是二十一世紀的產物，早在二十世紀初期就有了。

婦女是社會發展中被忽略的群體

當時，英國的婦女地位低下，不但勞動環境差，待遇與機會也遠不如男性。在工廠裡，還必須忍受老闆的性騷擾，茉德看似待遇比其他的女工好，但這是她長期忍受老闆的性騷擾所得到的一點點特權。當她下班時，看到國會議員的妻子愛麗絲・霍頓（Alice Haughton）在工廠外，鼓吹工廠女工參加國會聽證會，讓大家了解，女人與男人平等地付出勞力工作，也應該平等的擁有投票權。霍頓無畏街頭上男人的嘲諷、鄙夷，仍然大聲鼓吹，她希望工廠裡能有一位女性代表，在下議院的聽證會上作證。晚上，茉德與丈夫桑尼（Sonny）、兒子窩在小小的公寓裡，圍著桌子閒話家常，她向桑尼聊到霍頓女士的演講，提到女性的工資過低時，丈夫桑尼卻一臉不耐煩，批評霍頓女士太自以爲是，就中止了對話。

第二天，茉德在工廠的辦公室撞見雇主泰勒（Taylor）正對年幼的女工性騷擾，茉德默不作聲，轉頭離去。當茉德在工作檯上靜靜地熨燙著衣服時，泰勒踅了過來，他威脅茉德，同時也不懷好意地在茉德耳邊說道：「她讓我想到年輕的妳。」茉德望著那位年幼的女工，過往的屈辱記憶全湧上心頭。在聽到同事薇拉（Violet Miller）被選去聽證會作證，工廠其他男人對薇拉冷嘲熱諷、笑她腦子不清楚時，茉德彷彿下了決心般，轉頭對薇拉喊：「薇拉，我明天陪妳一起去，去聽妳的證詞。」

隔天，茉德依約到國會，薇拉卻姍姍來遲，帽子下的薇拉一張臉傷痕累累。霍頓看到滿臉傷痕的薇拉，表示在這個情況下，薇拉一定不會被允許出席聽證會，薇拉拜託茉德代替她出席。茉德忐忑地走進聽證會，雖然霍頓幫她準備了講稿，茉德卻沒有照本宣科，她平和地道出她一輩子在工廠的經歷。茉德在聽證會上說道：雖然她只有二十四歲，但這輩子幾乎都在洗衣廠裡度過，她的母親也是死在洗衣廠的一場意外。女工們每天長時間工作，工時比男人多了三分之一，薪資卻少了三分之一，工廠環境惡劣，全身是病痛，吸入太多氣體造成頭痛，去年有個女孩中毒，肺部壞掉了，不能再工作……她從沒想過能投票，也不知道它的意義爲何？但她想或許在這輩子，生活能夠有所不同。茉德直率、毫無矯飾的發言，感染了聽證會主席，他表示會盡快對她的訴求做出回應，將修改相關的法案來改變投票的限制。

片中茉德所描述的惡劣工作環境，其實是工業革命後英國的普遍現象，但男性至少擁有投票權，可以藉由選舉代議士來爲自己爭取權利。上述提到的一八三二年與一八三五年法令，正是賦予都市新興人口投票權的改革法案，但是女性並沒有受惠。此後，英國女性開始透過一系列的運動爲自己爭取權利。一八六〇年代曼徹斯特一位名爲莉莉．麥克斯韋（Lilly Maxwell）的女權運動者，以自己擁有事業與財產爲由爭取到投票權，並且在地方

茉德首次出席國會聽證會，娓娓道出她一輩子在工廠的經歷
來源：IMDB 電影網站http://www.imdb.com/title/tt3077214/mediaviewer/rm2348674304

選舉中將票投給一位支持女性投票權的候選人，但是後來法院宣告其投票無效。十九世紀後期，英國婦女參政運動者已發展出正式團體，希望藉由組織力量來改變法律、獲得投票權。在電影中，可以看到茉德周圍已經有許多女權團體進行各類遊說活動與聚會，只是體制內的回應非常緩慢。

茉德在聽證會的表現，效果意外的好，鼓舞了女權團體，她們開始邀她參加聚會，而茉德也從中肯定了自己的價值。這些女權團體以爲通過聽證會，國會眞的會回應她們的需求，但是等到的還是國會議員否決女性投票權的法案。她們群情激憤，對著這些國會議員大喊：「騙子！」，卻被警察驅逐、毆打。茉德在反抗中被逮捕了，她與其他的抗議者都被判了一星期的拘役。當茉德獄滿走出拘留所，卻不見丈夫桑尼來接她，她急忙回家，卻被桑尼指責她讓他蒙羞。

薇拉與茉德回到洗衣廠工作，老闆泰勒馬上開除薇拉，但他留下了茉德，不過他也一語雙關的望著那年幼女工，不懷好意的說：「我已經找到別人代替妳的位置。」茉德默然不語。茉德得知女權運動先鋒潘克斯特女士將要現身演講，她遲疑要不要去，但在一次與丈夫桑尼床邊的對話後，無形中加深了她的決心——

茉德：「如果我們有女兒，會叫什麼名字？」

桑尼：「瑪格麗特，我母親的名字。」

茉德：「她的人生會是什麼樣子？」

桑尼：「跟妳一樣。」

茉德望著桑尼背影，輕嘆了一口氣。她從小就開始做工，長年忍受惡劣的工作環境，爲了那份低薪的工作，成爲雇主的性禁臠，難道她的女兒還要承受這樣的輪迴？

茉德是爲了本電影虛構的角色，但電影中所敘述的「婦女社會政治聯盟」創辦人潘克斯特不僅確有其人，而且還是英國女權運動史上的傳奇人物。她一生都在爲女性投票權奔走，她的名言「行動勝於語言」（Deeds, not words）成爲「婦女社會政治聯盟」的正式口號，而她確實是這句話的實踐者。對於「婦女社會政治聯盟」所策畫的各種抗爭運動，她幾乎無役不與，就連她兒子去世後五天，她也如常的參與演說。她的手段不下於男人，像是包圍首相官邸、放火焚燒政府建築物、攻擊警察……等。潘克斯特激進的手段，雖然飽受批評，但她鋼鐵般的意志，確實是讓英國女性獲得參政權的關鍵。BBC在二〇〇二年評選她爲英國最偉大百人中的第二十七名，時代雜誌在一九九九年更將她評選爲二十世紀最重要的人物，對她的評價爲：「她塑造了我們這個時代女性的想法，她撼動整個社會，將之帶入一個不可能再回頭的新模式」（She shaped an idea of women for our time; she shook society into a new pattern from which there could be no going back.）。

電影中另一個值得注意的角色是藥劑師伊迪絲・艾琳（Edith Ellyn），她不僅開設課程行動教導婦女如何應付警察逮捕，同時主張以更激烈、甚至暴力手段撼動體制。因此，她一方面在婦聯會中開辦教導成員防衛技能，同時也負責調製炸藥，並且帶領潘克斯特主義者執行各種破壞行動。雖然她也是虛構的角色，但應該是當時兩位著名女權運動家的化身：一個是伊迪絲・加魯德（Edith Garrud）當年在「婦女政治社會聯盟」訓練柔術的教練，另一位伊迪絲・紐（Edith New）則是當年婦女參政運動中一位激進的行動家，不僅策劃多起爆炸行動意圖引起社會關注，還曾經帶領成員成功闖進唐寧街十號首相官邸。

寧可反叛，也不要被奴役

潘克斯特的現身，吸引了倫敦各地婦女的聲援。她在旅館的陽台上對著這些對她期盼已久的婦女演講：「……五十年來，我們平和地努力著，只爲了爭取女人的投票權而受盡嘲諷、欺凌、冷落。但是，我們知道一切的努力和犧牲，都是爲了那一日，爲了讓未來每一個小女孩能在新世界誕生，一個能和她兄弟機會平等的世界裡，不再低估我們女人掌握自己命運的能力，我們不是要罔顧法律，而是要導正法律……如今的我們，除了違抗政府，我們別無選擇……如果要被囚禁才能爭取到投票權，那該被摧毀的是政府，而不是女人！我寧可反叛，也不要被奴役。」潘克斯特的演講簡潔有力，打動了這些婦女的心。未久，倫敦的警察大隊即前來逮捕潘克斯特。大家爲了掩護潘克斯特，築起人牆阻止警察，在警察棍棒齊飛下，許多婦女掛彩倒地。

茉德與薇拉等人再次被逮捕，但這次警局未拘留她們。他們改變策略，讓警車載她們回家，將她們直接帶到家門口，用意就是讓她們的丈夫來處理她們。當茉德在警察的戒護下回到家門口，桑尼已是一臉憤怒地等在門口，他痛罵茉德，把她的衣物丟到街道，將她趕了出去。在婦女聯會的安排下，茉德有了一個短暫的安置處。

但是，政府對這些女權運動者打壓更爲嚴峻。他們將這些女權運動者視爲叛亂分子，將她們的名字、相片刊登在報紙上。當茉德隔天回到工廠，其他的女工視她爲瘟疫，罵她丟人，避之唯恐不及。雇主泰勒這時拿著報紙對她說：「這裡不歡迎潘克斯特的走狗！」要她馬上離開。但泰勒說完這話，他的手卻一邊在茉德身上游移，一邊在她耳邊輕聲：「我爲你做了這麼多。」但茉德再也忍不下去了，她回應：「我爲此也受了多少罪！」她將手中的熨斗狠狠地往泰勒的手一壓，泰勒痛得失聲大叫。茉德回家想看兒子，卻被丈夫拒絕於門外，當她向桑尼乞求，桑尼卻以法律上兒子是屬於父親爲理由，回絕她的請求。

茉德這時徹底絕望了，她回憶她的一生，男人要她做什麼，她就做什麼。但她發覺這個社會根本不會在意她的想法，就如同潘克斯特女士所言，若男人有權爲自由奮鬥，女人也該爲她自己的自由奮鬥。如果法律規定母親不能見自己的兒子，那就拚了命來改變這條法律。這時的她決心全力投身女權運動。

茉德開始接受婦女聯合會的訓練，也開始執行郵包爆炸的破壞行動，她們破壞公共通訊設備，但接下來她們接到潘克斯特的指示，要去炸掉財政部長正在興建中的別墅。這個指令讓婦女聯合會意見有了歧異，有的人覺得這個行動太過激進，但是也有人認爲如不這樣，政府絕不會回應她們的訴求。當初拉茉德進入婦運的薇拉反而退縮了，但茉德在經過一連串的打壓，反而越挫越勇，她投入了這項行動。在成功炸掉財政大臣的別墅後，茉德也馬上被逮捕。在偵訊過程中，偵訊人員斥責茉德等人的行動，因爲當時有個女傭差點因此喪命，她罵茉德憑什麼讓其他女人的性命因此受到波及。但此時的茉德再也不是過去受了委屈不會回擊的茉德，她完全不爲所動，她厲聲反擊：「那你又有什麼權利，看著女人被施暴而默不作聲！」茉德等人被監禁後，開始絕食抗議行動，對政府的灌食，也全力抵抗。政府害怕茉德等人絕食太久，會有人死亡，進而引發更多的關注，未久便將她們釋放出來。

在政府與媒體的壟斷下，官邸爆炸案僅在報紙上有一篇小小的報導，並未引起社會大幅注意，但因爲潘克斯特女士一肩承擔下爆炸案的主謀，其釋放日遙遙無期。茉德等人覺得應該再策劃個更大的行動，來引起國王喬治五世（George V）的注意，她們查到國王將會出席近期賽馬活動，這是他們唯一的機會。當天她們三三兩兩，化整爲零參加活動，想靠近喬治五世，伺機在他面前高舉她們的訴求，但她們發覺自己的想法太過簡單，她們根本靠近不了喬治五世。當賽馬開始，賽馬場上眾馬狂奔，成員之一的艾蜜莉・戴維森（Emily Davison）直直的走向賽馬場。茉德在後面呼叫著她，當走到柵欄的那一刻，艾蜜莉回頭，對茉德說了一句：「永不妥協，持續奮鬥」。說完，她越過柵欄，手拿著標語，直挺挺地面對迎面而來的賽馬，眾人一時還無法反應，她已一瞬間被狂奔中的賽馬撞倒，倒地而亡。這慘烈的一幕，果然完完全全攫取到場中所有觀眾與數十多台攝影機與照相機的注意。艾蜜莉之死，果然引發全國關注，全國報紙都以頭版刊登，國際媒體爭相報導，數千人參加艾蜜莉的告別式，才使得這場女權抗爭受到世界關注。

流血才能贏得的權利

女權運動者艾蜜莉・戴維森命喪賽馬場是歷史上的眞實事件。不過，其越過柵欄走到賽道上的動機，至今仍然不明。因爲，她事先並未和其他成員討論會執行「死諫」，而且從其動作看起來，她可能只是想把婦女會的旗子掛到馬的身上，但是卻不幸被撞倒身亡。無論動機爲何，她的殉難對於女權運動的影響是顯而易見的。電影的最後，播放了當年倫敦萬人爲艾蜜莉・戴維森女士送葬的影像。就在第一次世界大戰結束的一九一八年，英國國會正式通過法案，讓三十歲以上的女性擁有投票權；一九二五年英國立法讓母親擁有子女的扶養權，一九二八年國會再度修法，將投票年齡降到與男性一樣的二十一歲，從此女性才獲得跟男性一樣的投票權。

片中描寫的女權運動家艾米琳・潘克斯特在戰後繼續活躍於政

二十世紀初「婦女社會政治聯盟」開會的歷史照片

來源：維基百科共享資源https://upload.wikimedia.org/wikipedia/commons/c/ca/Meeting_of_Women%27s_Social_and_Political_Union_%28WSPU%29_leaders%2C_c.1906_-_c.1907._%2822755473290%29.jpg

原始出處：LSE Library, Set 72157660822880401, ID 22755473290, Original title Meeting of Women's Social & Political Union (WSPU) leaders, c.1906 - c.1907.

壇，她將「婦女社會政治聯盟」改名爲正式政黨婦女黨（Women's Party），並推舉女兒克莉絲特・潘克斯特（Christabel Pankhurst）出馬競選國會議員（但最後以些微差距落敗）。後來，她加入保守黨並代表競選國會議員，但是在當選前就病故。本片導演選擇奧斯卡影后梅莉・史翠普來詮釋潘克斯特的角色，雖然只有短短的陽台演說一幕，但也令人印象深刻。有趣的是，本片編劇艾比・摩根同時也編寫了描述英國前首相柴契爾夫人的傳記電影「鐵娘子：堅固柔情」，也是由梅莉・史翠普來擔綱。該片完全以柴契爾夫人爲中心，敘述英國歷史上最傳奇女性政治家的一生經歷，也讓梅莉・史翠普贏得第三座奧斯卡最佳女主角獎座。

「女權之聲」是部英國電影，所以通篇散發著英國人節制、隱忍的氣質，電影的步調較慢、色調也較沉重；而在二〇〇四年，HBO曾自製一齣「女權天使」（Iron Jawed Angels），講述二十世紀初，美國女性爭取投票權的故事，就顯得輕快活潑許多，不過這是指電影風格，事實上，美國婦女爭取投票權的過程與英國一樣慘烈。這在「女權天使」一開始，就有討論英國「婦女社會政治聯盟」的運動手段，剛從倫敦留學回來的女主角應徵「全美女性選舉權協會」工作時，就被質疑是否受到「婦女社會政治聯盟」暴力運動的不良影響。顯然地，當時的美國婦運界對英國的做法，是不以爲然的。不過，縱然再怎麼和平抗議，抗爭的結果還是被逮捕入獄、被強迫灌食。兩部電影背景都設定在一九一二年，當時正是第一次世界大戰爆發的前夕，英美兩國的婦權推動者，對大戰也採取不同的態度。當時，潘克斯特呼籲應暫時停止運動，全國一致對外，但此事在「女權之聲」並未提及；而在「女權天使」中，美國女權運動者在第一次世界大戰中，仍繼續推動她們的訴求，也因此被冠以叛國的大帽子而飽受批評。兩片都是佳作，可互爲參考，都値得一看。

11

在民族與親情之間的艱難抉擇
——吹動大麥的風（*The Wind That Shakes The Barley*）

而更難承受的是這些恥辱，異族加諸在我們身上的枷鎖，因此我說：山谷啊，我將在明天一早就來尋你，加入這勇敢、團結的義勇軍！

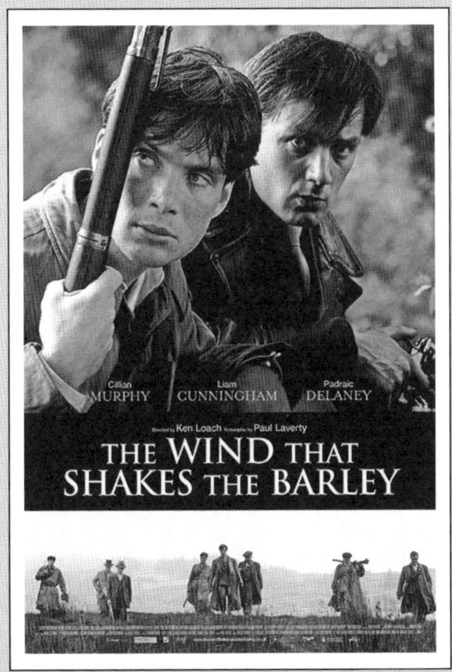

英國／英語、愛爾蘭語
二〇〇六年出品
導演：肯・洛區（Ken Loach）
編劇：保羅・拉夫帝（Paul Laverty）
來源：IMDB電影網站http://www.imdb.com/title/tt0460989/mediaviewer/rm2037590528

不斷自我批判的英國導演

「吹動大麥的風」是英國導演肯・洛區（Ken Loach）二〇〇六年推出的電影，背景設定在一九二〇年代愛爾蘭內戰時期，描述戴米恩（Damien O'Donovan）與泰迪（Teddy O'Donovan）兩兄弟，爲了爭取愛爾蘭獨立的奮鬥過程。這部電影最精彩之處在於，以兄弟倆代表對爭取獨立採取手段的兩個不同陣營。電影上半段描述兄弟倆爲爭取獨立，共同對抗英國血濃於水的兄弟之情。到了下半段卻急轉直下，因爲對於獨立進程看法分歧，兄弟倆變成生死仇敵，戲劇張力十足，也象徵愛爾蘭上世紀近百年來，同胞相殘的悲劇。除了極具衝擊的戲劇效果，片中對於愛爾蘭共和軍爲何採取恐怖攻擊行動，也有詳盡的論述。雖然恐怖行動應被譴責，但是也提供了帝國主義侵犯弱小民族的省思。就如同導演肯・洛區在接受英國《衛報》（*The Guardian*）所說的：「假如你越了解愛爾蘭，入侵伊拉克的事就不會發生」（If we knew more about Ireland, the invasion of Iraq might never have happened.）。

有意思的是，「吹動大麥的風」是部由英國出資、英國導演（編劇保羅・拉夫帝則爲蘇格蘭人）的電影，但是電影中卻有不少對英國負面的描寫，因此電影推出後，引發不少衛道人士的批評。有人批評導演肯・洛區「爲何如此憎恨英國？」也有批評者將他與二戰時期爲納粹拍攝政治宣傳影片的女導演萊尼・雷芬斯塔（Leni Riefenstahl）相比，將「吹動大麥的風」比喻爲希特勒的《我的奮鬥》（*Mein Kampf*）。這個比喻實在是言過其實，不過，從中可以知道這部電影在當時所引發的爭議實在不小。

觀看這部電影時，可能會覺得導演對英國統治的殘暴面描寫毫無掩飾，有點煽動族群間仇恨的情緒。不過就肯・洛區而言，這段愛爾蘭獨立的歷史是眞實存在的，他只是忠實反映那個世代的犧牲。他認爲如果不對過去的歷史批判，又怎會對當前行爲有所反省？因此，他的批判是跨越族群的，是針對帝國主義對其他民族的侵略惡行，而不是刻意醜化英國。相對於在英國受到的批評，這部電影在其他國家倒是得到一面倒的高評價：它在愛爾蘭成爲有史以來賣座最高的愛爾蘭獨立電影，更獲得當年坎城影展的最大獎——金棕櫚獎。

除了此類政治電影，肯・洛區的大部分電影都是爲低下階層、弱勢者發聲。例如他早期的電影「凱西回家」（Cathy Come Home）、「底層生活」（Riff-Raff）與「雨石」（Raining Stones）……等，帶著濃厚左派批判色彩，展現人道關懷，也因此他有「英國電影的良心」之稱。在「吹動大麥的風」之後，二〇一六年他以「我是布萊克」（I, Daniel Blake）再度獲得金棕櫚獎。「我是布萊克」描述失業的老木匠，被政府社福官僚體系如人球般踢來踢去，最終在未獲得任何援助下，黯然死去。電影仍是保持著他一直以來，對資本主義與官僚系統的批判風格。

民族是「想像的共同體」

本片的主題是民族主義。在人類歷史上，民族是很晚近才出現的概念。在十八世紀之前，歐洲各王國統治者宣稱君權來自神授，要求人民對國王效忠。在中國，文明程度往往是區分本國與異族的主要標準。在世界上多數地方，宗教是人們最重要的精神支柱，人會為宗教殉道，沒聽過人會為民族殉國。但到了十九世紀，世界各地的人轉而將民族視為族群認同的對象。歐洲各國統治者宣稱，自己的國度是在同一民族的基礎下建立，在異族或大王朝（奧斯曼帝國、奧匈帝國、俄羅斯帝國）統治下的小民族紛紛發動革命，希望脫離被宰制的命運，建立屬於自己民族的國家。到了二十世紀，這股風潮更延伸到全世界，「民族獨立」、「民族自決」成為兩次世界大戰之後，國際社會公認的原則，許多殖民地人民依循歐洲經驗，成功建立自己的民族國家。直到今天，世界上仍有許多民族如庫德族、藏族、維吾爾族，還有西班牙的加泰隆尼亞持續爭取獨立建國。為什麼人們這麼執著於民族獨立，甚至願意為這個虛幻的概念赴死？

關於民族，學者將之定義為「一群在文化與政治上彼此認同到一個程度，進而希望在政治上自我管理甚至追求獨立的人。」因此，要成為民族，通常必須達到三個要件：第一，社群成員間具有相似之處，可能是血緣、宗教、語言、文化，也可能是因聚居而自然形成；第二，是要有相互認同感，也就是社群內的人認知到彼此有相似之處，而此認同感能使此一社群與其他的群體區隔；第三，要發展出追求自治或獨立的願望。並非所有族群都想獨立或自治（如客家人、居住在東南亞的華人），因此想獨立建國（自治）與否，就成爲區分民族（nation）或種族（ethnic group）的標準。

至於民族主義的起源，早年的學者多半持原生論（primordialism），認爲民族認同乃與生俱來，並不會隨外在環境變化而改變；而工具論（instrumentalism）者認爲，民族的認同是可以經由外部因素，特別是環境塑造而成。英國學者安德森（Benedict Anderson）則將民族解釋爲「想像的共同體」（imagined communities），也就是民族成員自我認知是團體一分子之想像所建構而成。安德森認爲，這個想像的共同體出現的關鍵是印刷資本主義的出現，十七至十八世紀歐洲各地的企業家投資各類出版品與媒體，用本國的語言出版書籍報紙，結果促進了各種本地方言的讀者之間的相互理解，進而浮現共同認同感。他的觀點對後來的民族主義研究造成巨大的影響，被稱爲建構論（constructivism）。

「吹動大麥的風」——悲壯的愛爾蘭起義民謠

「吹動大麥的風」這部電影講述的是愛爾蘭民族爭取獨立的故事。本片延續肯・洛區一貫寫實的手法，片中凌虐與戰爭的場面直接又血腥，與如此浪漫的片名反差甚大。事實上，片名是取自愛爾蘭詩人羅伯・德威爾・喬伊斯（Robert Dwyer Joyce, 1830-1883）同名的民謠。在電影剛開始，老婦人爲被英軍凌虐致死的年輕人所唱的歌謠，就是「吹動大麥的風」。歌詞大意是一個年輕人因爲所愛的人被殺，憤而投入一七九八年的愛爾蘭起義，而歌中不斷提起的大麥（Barley），則是源自於當時反抗軍在行軍中，都以大麥做口糧，因此在戰爭結束後，在這些曾是戰場的土地上，都有大麥大量生長著。但是，這些土地同時也是這些不知名英雄的墳場，他們以血肉豐饒這些農作物。所以，大麥一方面象徵這些起義的鬥士，也象徵著愛爾蘭反抗英國的精神。

"The Wind That Shakes The Barley"（吹動大麥的風）是首淒涼哀傷的歌曲，但是歌詞優美動人，配合著劇情，令人動容。

I sat within a valley green,（我坐在綠色山谷之中，）
I sat there with my true love,（與我的摯愛，）
My sad heart strove the two between,（在我倆之間是我悲傷的心跳動著，）

The old love and the new love,（我的舊愛與新愛，）
The old for her, the new that made（我的舊愛是她，）
Me think of Ireland dearly,（而新歡是我最親愛的愛爾蘭，）
While soft the wind blew down the glade（當輕柔的風吹過林間，）
And shook the golden barley.（搖動金色大麥。）
Twas hard the woeful words to frame（難以用任何悲傷的語言形容，）
To break the ties that bound us（這個切斷了我們之間的牽絆，）
Twas harder still to bear the shame（而更難承受的是這些恥辱，）
Of foreign chains around us（異族加諸在我們身上的枷鎖，）
And so I said, "The mountain glen（因此我說：山谷啊，）
I'll seek next morning early（我將在明天一早就來尋你，）
And join the brave United Men!"（加入這勇敢團結的義勇軍，）
While soft winds shook the barley.（當輕柔的風吹動大麥。）
While sad I kissed away her tears,（當我悲傷地輕吻她的眼淚，）
My fond arms around her flinging,（我的手臂抱著她，）
The foeman's shot burst on our ears,（敵人的槍聲在我們的耳邊爆開，）
From out the wildwood ringing,（遠從樹林，）

A bullet pierced my true love’s side,（一顆子彈穿透我的摯愛，）
In life’s young spring so early,（猶如早春般年輕的生命，）
And on my breast in blood she died（她躺在我懷裡死去，）
While soft winds shook the barley!（當輕柔的風吹動大麥！）
I bore her to the wildwood screen,（我將她埋在林子裡，）
And many a summer blossom（伴隨著許多的夏天開放的花朵，）
I placed with branches thick and green（我放著許多綠色枝枒，）
Above her gore-stain’d bosom,（在她高貴的懷中，）
I wept and kissed her pale, pale cheek,（我哭著吻著她蒼白的臉頰，）
Then rushed o’er vale and far lea,（衝向遠方旗幟飄揚的山谷與草地，）
My vengeance on the foe to wreak,（向我敵人復仇，）
While soft winds shook the barley!（當輕柔的風吹動大麥！）
But blood for blood without remorse,（血債血償絕不後悔，）
I’ve ta’en at Oulart Hollow（我已在奧勒挖了洞，）
And placed my true love’s clay-cold corpse（將我的摯愛冷冰冰的屍體放進去，）
Where I full soon will follow;（我也將很快追隨她，）
And round her grave I wander drear,（我在她墓前悲傷的漫步著，）

Noon, night and morning early,（中午、晚上與清晨，）
With breaking heart whene'er I hear（帶著破碎的心，我聽到，）
The wind that shakes the barley!（吹動大麥的風！）

兄弟加入愛爾蘭共和軍

一九二〇年代的愛爾蘭，年輕的醫學生戴米恩與哥哥泰迪，與幼年的玩伴們在廣袤的山丘平原中玩著曲棍球。在遊戲結束後，休息閒聊間，大夥兒們開著戴米恩的玩笑，他們取笑戴米恩回倫敦執業，是爲了舔英王的屁眼，戴米恩也伶牙利齒的一一回擊。正當眾人談笑間，一群英國士兵突然將這群年輕人團團圍住，宣稱他們違反「領域防衛法」中禁止公開集會，粗野地將他們壓制在牆邊，要求他們以英語自報個人資料，但是玩伴中的米宏・蘇利文（Micheál Ó Súilleabháin）卻堅持以蓋爾語（愛爾蘭語）回答，在英軍的逼迫下，米宏仍固執抗命，惱羞成怒的英軍將米宏拖去雞舍毒打一頓。當英軍離去，眾人趕到雞舍，米宏已遭凌虐致死。

而電影的下一幕，就是老婦人在米宏的喪禮中，緩緩地唱出「吹動大麥的風」，唱出對米宏的不捨，也唱出愛爾蘭人在異族統治下的屈辱。米宏的死，讓泰迪等一群朋友無法再忍受下去，他們決定加入愛爾蘭共和軍（Irish Republican Army）。戴米恩是他們當中最聰明的人，夥伴們都希望戴米恩也能留下來。但是，戴米恩認爲英軍的人數太多，愛爾蘭根本無法抵抗，而且米宏的死是因爲他太固執，死得太不值得了，戴米恩拒絕哥哥泰迪與朋友們的請求。但在戴米恩準備搭火車回倫敦時，他看到列車駕駛與站務人員因爲執行工會發布「不得搭載英軍、武器與物資」的命令，而遭英軍痛毆倒地，當他扶起老邁的站務員時，他決定放棄他的醫生生涯，加入共和軍。

電影開始的這段劇情，讓人怵目驚心！但這符合安德森建構論民族主義的論述：語言是族群間建立彼此認同的最重要工具。愛爾蘭的主要居民爲凱爾特人（Celtics）後裔，並發展出獨特的語言。十二世紀英格蘭人開始入侵愛爾蘭，此後，英國在文化與政治上支配愛爾蘭的發

戴米恩與泰迪二人兄弟情深

來源：IMDB 電影網站http://www.imdb.com/title/tt0460989/mediaviewer/rm3293141248

展。十七世紀之後，英國完全占領此地，十九世紀初正式將其兼併。即使英國花了很長的時間來完成對愛爾蘭的征服，但愛爾蘭人仍然保有自己的語言與宗教信仰——天主教，此二者成爲愛爾蘭民族認同的主要內涵。

英國在此地的統治策略，充滿歧視與壓迫。例如，十九世紀中葉一場因馬鈴薯瘟疫引發的大饑荒，導致近四分之一人口死亡，但英國政府選擇袖手旁觀。愛爾蘭民族獨立運動開始抬頭，不過一開始主張獨立的人是採取非暴力策略，希望藉由議會改革來達到自治目的。一九一六年愛爾蘭人在都柏林發動復活節起義（Easter Rising）並遭到殘酷鎮壓，此後獨立運動走向武裝鬥爭。愛爾蘭共和軍就是獨立運動中最主要的武裝游擊組織。

經過一段時間的游擊軍訓練，戴米恩與哥哥泰迪開始執行恐怖攻擊任務。他們襲擊英國政府機關，突襲他們並搶奪武器，進行一連串的暗殺行動。在一次暗殺「黑棕部隊」（Black and Tans，當時英國駐紮在愛爾蘭的警察部隊）的行動後，因爲幼時玩伴克里斯（Chris Reilly）迫於英國的威脅，出賣了他們，泰迪與戴米恩一行人全部被逮捕。在獄中，泰迪被英軍嚴重刑求，十根指頭的指甲全部被拔掉，因爲他是小隊的指揮官，被逼交出共和軍名單與藏身之處，但是意志堅定的泰迪毫不吐實。

在這一幕戲中，有一段戴米恩與英國軍官的激烈對話，可以看出當時英愛兩方仇恨之深。看到哥哥泰迪被刑求至奄奄一息，戴米恩決定去交涉，因爲他認爲他們是政治犯，應該享有政治犯的待遇。

戴米恩：「我是愛爾蘭共和軍，我要求政治犯待遇。」

英國軍官：「狗屁，你是射殺年輕人的凶手。」

戴米恩：「你錯了，我信奉民主，上次選舉，新芬黨贏得七成席次，人民希望完全脫離英國，這是民主決定。」

英國軍官：「與我無關，是政府派我來的。」

戴米恩：「你的政府壓迫我們的國會，禁我們的報，你人在這裡就是罪過……」

英國軍官：「那不是我的責任！」

戴米恩：「滾出我的國家！」

英國軍官以哽咽的哭聲怒斥：「他們打過索姆河戰役，困在臭氣衝天的壕溝裡，看著朋友被炸爛！」

原來共和軍暗殺的黑棕部隊官兵是打過索姆河戰役的士兵，而索姆河戰役是第一次世界大戰中，傷亡最慘烈的壕溝戰。這些從索姆河倖存下來的英軍，被英國人視爲英雄，卻在愛爾蘭被暗殺。事實上，英國爲了鎮壓愛爾蘭共和軍，成立了兩個軍事警察組織，其中一個是皇家愛爾蘭警隊後備隊，也稱爲黑棕部隊，成員多爲一戰後復員的英國老兵，但因爲他們紀律渙散、酗酒、虐待人民時有所聞而臭名遠播，爲愛爾蘭人深惡痛絕。但在英國人眼中，他們卻是一戰的英雄。在這麼扭曲的政治環境之下，兩國人民的誤解與仇恨，實在難以化解。

眼見泰迪與戴米恩等一行共和軍將被行刑，英國保安隊中有一名出身愛爾蘭的小士兵於心不忍，冒著生命危險，偷偷地將他們放了出來。在一段休養生息後，泰迪與戴米恩接到共和軍的命令要處決內奸克里斯。泰迪與戴米恩，以及他們的同伴們雖因爲克里斯的出賣被刑求，甚至有人遭到處決，但他們都認

愛爾蘭共和軍處決叛徒場景

來源：IMDB 電影網站http://www.imdb.com/title/tt0460989/mediaviewer/rm4071528704

爲克里斯還未成年，在英軍的壓力下很難不屈服，但是爲了紀律，戴米恩不得不含淚槍決這個他從小看到大的好友。在行刑之前，他不禁喃喃自語：「我學了五年的解剖學，現在卻要殺人，我看著克里斯長大，我希望愛爾蘭眞的値得！」戴米恩的感嘆，的確也是處在英國政府與愛爾蘭共和軍夾縫之間老百姓的悲歌。

《英愛協定》導致愛爾蘭分裂，兄弟反目

戴米恩與哥哥泰迪雖然共同目標是追求愛爾蘭獨立，但是他們對獨立後愛爾蘭的想像截然不同。戴米恩是理想派，他認爲要做，就是做到最好，而哥哥泰迪卻比較務實，只要對眼下的現實有助益，他是可以接受妥協的。接下來法庭的一場戲，可以看出兄弟倆的分野，而這樣的價值觀，決定了他倆日後截然不同的命運。

愛爾蘭共和國的獨立法庭第一次審判，將長期資助共和軍的土豪史威尼（Sweeney）以放高利貸罪名逮捕入獄，但泰迪卻在中途將他劫走，不讓他入獄。因爲泰迪認爲共和軍多是靠這些商人挹注，如果將史威尼逮捕，不啻與所有商人爲敵。共和軍目前唯一的目標就是推翻英國，爲了這個目標，其他都可以犧牲。但戴米恩跟他的朋友們則不認同泰迪的做法。他

們認爲，這是共和國獨立法庭的第一次判決，應該徹底執行，以建立政府的威信。如果今天共和軍以打英軍的名義，卻幫著地主壓迫窮人，那人民建立這個政府又有何用呢？

在愛爾蘭共和軍不斷的恐怖攻擊，以及愛爾蘭政府對英國施行一連串不合作運動：碼頭罷工、鐵路拒載槍械物資、絕食抗議，終於迫使英國政府與愛爾蘭在一九二一年簽署停戰協議。愛爾蘭新芬黨代表在一九二一年七月在倫敦與英國談判，簽署「和平協定」，並據此成立新的愛爾蘭自由邦（Irish Free State）。自此，愛爾蘭可以掌控自己海關的關稅與經濟政策。但是，自由邦仍是隸屬於大英國協轄下的自治領土，新國會的成員宣誓效忠於英王，而北愛爾蘭仍屬於英國的領土。

英愛戰爭期間的愛爾蘭共和軍

來源：維基百科共享資源https://commons.wikimedia.org/wiki/File:Hogan%27s_Flying_Column.gif

這個和平協定，即爲著名《英愛條約》（Anglo-Irish Treaty），顯然並未被戴米恩及部分的愛爾蘭人接受。但是泰迪認爲，這是現今愛爾蘭能拿得到最好的待遇了，他游說弟弟戴米恩，以及過去一起打仗的夥伴接受這份條約。泰迪向大家分析，如果不接受這個條約，英國將會馬上發動嚴厲的戰爭，因爲英國才剛經歷第一次世界大戰，已經看過上千萬人的死傷，他們根本不在乎幾千個愛爾蘭共和軍。但是，戴米恩跟他的夥伴們無法接受，他們認爲現在接受這種半吊子的條約，根本是背叛了當初復活節起義，他們覺得現在離自由只差一步之隔，只要再堅持下去，英國會妥協，如果就此罷手，則永遠無法恢復今天這股力量。而且這份條約，是分化國家，離間愛爾蘭的協議，英軍根本沒有離開，他們只是跑到北愛而已！但是，泰迪表示英國根本不會再退讓了。愛爾蘭只是英國政府整體戰略考量的一小部分，如果讓愛爾蘭脫離英國，大英國協中的印度、非洲各國的民族主義就會紛紛跟進，而這是英國完全無法忍容的事！

電影中，戴米恩與泰迪之間的決裂，就是一九二二年愛爾蘭內戰的背景。當時，支持《英愛條約》的人被稱爲民族派（Irish Nationalists），反對的人被稱爲共和派（Irish Republicans），並沿用原來愛爾蘭共和軍的招牌組織自己的武力。愛爾蘭共和軍也分裂爲支持《英愛條約》的國民軍（National Army）；而共和軍有七成的人否認這份條約，因此拒絕解散，轉而變成武裝對抗愛爾蘭自由邦的游擊隊。

片中哥哥泰迪選擇加入國民軍，而弟弟戴米恩決定重回共和軍，繼續對抗。只不過這次他們對抗的對象，換成過去是同袍的國民軍。泰迪領導的國民軍，對共和軍的壓制絲毫不手軟，就如他過去對付英國一樣。他認爲，若任共和軍恣意妄爲，英軍就會回來，過去努力將會成泡沫，所以絕對不能走回頭路。從此，愛爾蘭陷入自由邦與共和軍同胞自相殘殺的局面。戴米恩在一次奪取自由邦政府槍械的任務中，失敗被捕，泰迪哀求戴米恩供出共和軍武器彈藥庫的藏匿處，以及招出其他共和軍，就可接受赦免。戴米恩兩眼直直的看著泰迪，一臉堅決：「你聽著，我曾一槍射穿克里斯的心臟，我殺了他，你知道原因的，我絕不會出賣同志！」泰迪聽完弟弟戴米恩絕決的回答，難過得低頭啜泣。隔天黎明，戴米恩被帶到刑場，在泰迪的指揮下，被執行槍決。

這場內戰持續了將近一年，最後以國民軍戰勝共和軍告終。其所造成的死傷甚至比之前的獨立戰爭更多，對愛爾蘭社會造成的裂痕也一直持續至今。今日愛爾蘭政治上的兩個主要政黨共和黨（Fianna Fáil）與愛爾蘭統一黨（Fine Gael）正是源自於內戰時期的這兩個敵對陣營。到了一九三七年，愛爾蘭自由邦訂定新憲法，將國家改爲共和國制，總統爲國家元首，從此正式脫離大英帝國，成爲完全獨立的國家。但愛爾蘭島北方六郡仍屬於英國，稱爲北愛爾蘭。愛爾蘭共和軍爲了爭取讓北愛脫離英國回歸愛爾蘭，持續發動武裝抗爭數十年之久，成爲往後英國多年的隱患。

愛爾蘭的境遇和台灣有些類似，共和派與國民派之間的衝突更是和我們熟悉的「統獨」之爭，在一定程度上也可類比。因此研究愛爾蘭歷史，未嘗不是思索台灣未來走向的一種策略。除了本片之外，對於愛爾蘭獨立歷史有興趣的讀者也可參考一九九六年由連恩・尼遜所主演的另一部電影「豪情本色」（Michael Collins）。該片是描寫愛爾蘭獨立運動領袖麥可・科林斯（Michael Collins）的故事，他原本是獨立運動的重要領導人，即愛爾蘭共和軍領袖，《英愛條約》之後加入自由邦政府，成爲臨時政府主席兼國民軍總司令，後來在內戰中被共和軍槍擊而亡。

12

看僵化的行政體制如何戕害人民權利
——不能沒有你（*Cannot Live without You*）

我要讓我女兒讀書而已，只是要讓她讀書而已……讓你們糟蹋得還不夠嗎？

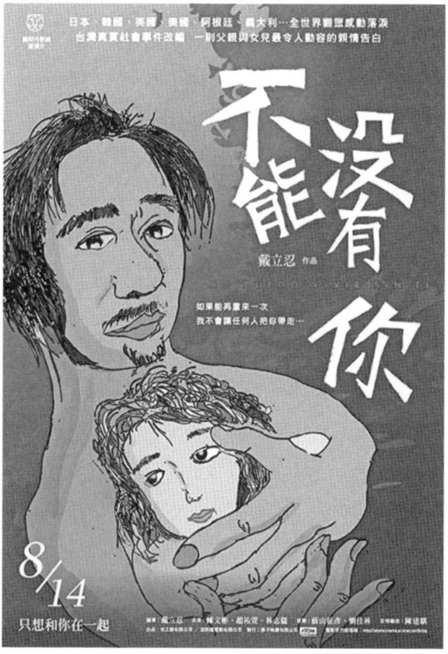

台灣／華語
二〇〇九年出品
導演：戴立忍
編劇：戴立忍
來源：IMDB電影網站http://www.imdb.com/title/tt1456584/mediaviewer/rm4214810368

「不能沒有你」是台灣導演戴立忍在二〇〇九年推出的作品，故事改編自二〇〇三年一則在台北車站前父親挾持女兒跳天橋的社會新聞。根據當時的報導，高雄男子阮某與有夫之婦婚外情生下一女，後來兩人因故分手。因爲女孩是非婚生子女，依照法令規定，一定要由母親或其法定配偶出面認養，才能申報戶口，女孩才可以上學。

用電影來呈現社會不公

雖然，阮某父女倆已通過法庭的親子鑑定，確認兩人的親子關係。但是，不論是地方或中央的戶政單位，都還是依僵硬的法律規定，將女孩視爲母親與其法定配偶的子女，造成阮某女兒一直無法取得戶口登記。阮某在多方陳情無效後，憤而採取極端手段，抱著女兒跨坐在台北火車站前的一座天橋，作勢往下跳，後來警察趁其不注意，將阮某一把拉下，才結束這場鬧劇。

如同托爾斯泰（Lev Nikolayevich Tolstoy）的名言：「幸福的家庭都是相似的，不幸的家庭則各有不同」。阮某的行徑，如果不了解其背後原因，就社會大部分人的眼光來看，應該是荒誕不經、愚不可及的。就像電影一開始，民眾看著電視報導主角武雄挾持自己女兒的行爲，大罵「罪犯、教壞囝仔大細」一樣，殊不知造成武雄這種脫序的行爲，正是政府官僚層層逼迫所致。而一部偉大的作品，就是能將這些不幸的成因，抽絲剝繭，挖掘眞相，引發讀者或觀衆共鳴，進而反省社會與制度上的不公不義。

「不能沒有你」就是這樣一部優秀的作品。雖然故事內容相較於原事件有部分的改編，但透過主角的無助與絕望，突顯官僚系統的傲慢與僞善，不用聲嘶力竭的大聲控訴，其批判力道已令人心驚！因此，本片勇奪二〇〇九年第四十六屆金馬獎最佳導演、最佳劇情片、最佳原著劇本、年度台灣傑出電影、觀衆票選最佳影片五項大獎，之後又橫掃衆多國際影展大獎，可說是台灣電影中少數具有批判性，又拍得好看的電影。

記得我國前駐印度代表翁文祺大使曾對筆者說過這麼一段軼事：當年十二月印度果阿電影節頒獎前，影展主辦單位對其表示，「不能沒有你」這部電影得獎的呼聲很高，很希望導演能親自到現場參加頒獎典禮。駐印代表處設法聯絡到導演戴立忍，戴立忍表示正忙於拍片實在沒空，但最後同意抽出兩天時間專程跑一趟印度，結果在頒獎當天下午戴立忍才趕到果阿，連衣服都沒時間換就直接趕赴典禮會場，結果眞的獲得最佳導演、最佳影片金孔雀雙大獎。戴導演在全場觀衆前致詞時，又說出自己父親年輕時因國共內戰從中國逃難出來，在人生最艱難的時候是印度收留了他（戴父當年是從大陸翻越喜馬拉雅山到印度，後來又輾轉來台的難民學生），因此他和印度很有緣份。這段致詞得到全場觀眾熱烈掌聲，也成就了一場成功的國民外交。

「不能沒有你」是部黑白電影，在故事本身已經是如此生硬不討好的情況下，電影還採全黑白攝影，實在是大冒險。根據導演戴立忍的說法，他認為故事本身已經在消費當事人了，如果再以彩色攝影，拍部滿足導演個人美學要求的作品，刻意突顯出社會底層生活環境的汙糟，他覺得是再次剝削，更是不忍。而黑白色調較為單純，在畫面的呈現上，讓觀眾更專注的觀看主人翁父女情感互動。不過黑白片的效果，反而營造出紀錄片般質樸坦白的眞實感。

事件發生的地點是在台北火車站前忠孝東路陸橋上，距離行政院、立法院、監察院、警政署等重要政府機構都不到一公里，那時，這段路上還有一條開放式的地下車道（供公車、計程車使用），從天橋跳下去非死即傷，非常危險。當時挾持女兒爬上天橋欲自殺的阮姓男子還手持美工刀一邊自殘，一邊向接近中的警察揮舞，畫面讓人怵目驚心。二〇〇三年時的台灣已經完成政黨輪替，社會多元而開放，媒體為了搶新聞而激烈競爭，這個挾持案件一發生，各家電視台記者都衝到現場連線報導，相信很多人對當時這個案件仍有印象。

此案發生在自詡為民主進步的台灣社會，原因竟是人民因爲自身權益受損、求救政府機關甚至向立委求情都不得其門而入，實在諷刺！這也突顯了無論一個國家民主程度多高、官僚再清廉專業，仍然會發生由於人民不熟悉行政程序而導致權益受到戕害的事情。如果政府存在的目的是爲了促進人民福祉，那對於受限於環境而無力保障自身權益的人民而言，政府的不作爲就是失職。

弱勢者的悲歌

在當時的媒體報導中，並沒有提到阮某從事的行業，而在「不能沒有你」中，男主角武雄的設定是一個在高雄旗津沒有執照的潛水夫，在海裡修理受損的船隻。單親的武雄帶著女兒妹仔住在港邊廢棄的倉庫，連水電都是偷接的。因爲他沒有執照，也只能打

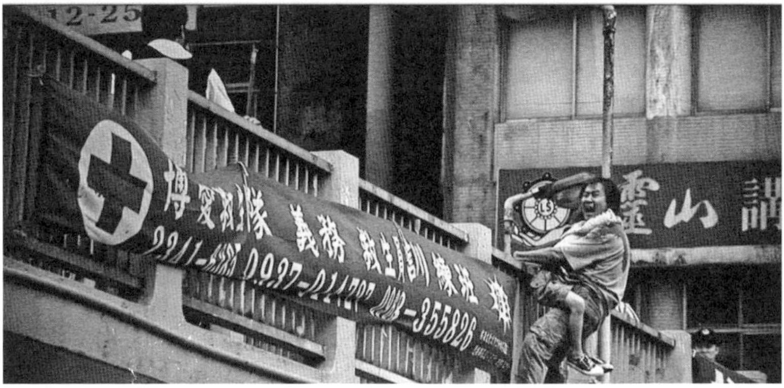

故事的場景就發生在台北火車站前忠孝東路陸橋上
來源：藍色電影夢網站http://4bluestones.biz/mtblog/2009/07/post-1380.html

黑工，是被剝削的社會底層，不但工錢少，安全也沒有什麼保障。但這些對個性單純的武雄而言，他不是很在乎，他只要能賺得生活溫飽，跟女兒妹仔好好生活就滿足了。

妹仔也逐漸長大到要上學的年紀了。一天，來了兩個警察，警察說妹仔已經到上學的年齡，但一直沒去學校報到，要武雄趕快將阿妹仔的户口報一報，才能讓阿妹仔上學。他們恐嚇武雄，如果再不幫妹仔報户口，每拖一天就要罰幾百元。警察面對武雄窳陋的生活環境，像獵奇般嘖嘖稱奇，還譏諷他省水省電，還有無敵海景。爲了讓妹仔讀書，武雄只好帶著妹仔去户政事務所辦户口，但是户政人員跟武雄說：「一定要母親張明秀本人來報户口」，武雄支支吾吾的表示，現在已經找不到妹仔的母親了，户政人員說那謝念祖先生來申請也可以，武雄更疑惑，問說：「謝？他是誰？」原來，謝念祖是張明秀的法定配偶，武雄是張明秀的外遇對象。户政人員跟武雄解釋，因爲根據資料，張明秀與謝念祖是夫妻，妹仔是張明秀的小孩，依法只有法定監護人才能申報户口。户政人員的說法讓武雄完全不能接受，因爲小孩明明是他跟張明秀生的，跟姓謝的有什麼關係？但户政人員表示：「你們是什麼關係我們並不清楚！但小孩的撫養權是屬於謝念祖與張明秀兩個人！」

武雄悻悻然回家，之前警察的恐嚇在他心中造成很大的陰影，他害怕被罰，妹仔被帶走，他的好朋友財哥說他以前的小學同學現在是立委，或許可以請他幫忙。在財哥的引薦下，武雄鼓起勇氣，騎摩托車載著妹仔到台北找立委同學陳情。

武雄父女兩人風塵僕僕終於到了立法院。衣衫襤褸、言語遲鈍的武雄，在立院警衛的白眼下，經過一番折騰，才見到立委。立委堆著一臉笑跟武雄說：「你的事就是我的事」，但將他交給助理後，就說有事匆忙離開。於是助理帶著武雄到警政署户政司找王組長（不過這裡說明一下，户政司是隸屬內政部，警政署並沒有户政司，這是電影的一個小錯誤）。接到立委關切電話的王組長看到武雄，也是一臉堆著笑，連忙打包票，他和氣地對武雄說，這件事不難，只要武雄回去找當地户政事務所，簽報上來，等公文上來，他再全力配合。武雄以爲事情到此獲得解決，滿心歡喜地回高雄。但事實上，王組長的這段話，只是敷衍武雄的話術而已。因爲，縱然以專案簽報，妹仔的身分問題還是要有合法解決的途徑；除此之外，就是政治解決。但顯然的，在第一條途徑，王組長只是將問題推回地方，因爲公務人員都是依法行政，妹仔身分如果不符合法律規定，公文的簽報一定是不准。到時候，王組長可以說是地方單位的刁難，不是他的責任。而如果是政治解決，那更不可能，這是承擔政治責任，但是依王組長的層級，他是不可能用他的公務員生涯來做賭注。

筆者之一就在立法院任職，因此對於武雄在立法院門口前苦等立委的這個橋段，特別有感覺。一般人認知的立法院大門是在中山南路上，應該有很多立委出入，因此有很多政治抗議活動都選擇在這裡舉行。實際上，一般立委進出立院開會，主要是從研究室所在地「中興大樓」或是「青島會館」走立法院側門進入院區。片中武雄想在大門等立委卻不得其門而入，後來在警衛暗示下，才轉進位在濟南路上的中興大樓門口等待（導演在此還特地讓時任立委的余天小露一下臉）。不過，木訥的他連走到服務台詢問的勇氣也沒有，後來還是立院工作人員幫他聯絡，才見到財哥的小學同學立委林進益，之後立委再請助理帶著武雄父女到位於忠孝東路上的警政署找王組長。

互踢皮球的行政機關

武雄回到高雄的戶政事務所，戶政事務所承辦人員跟武雄表示，他的案子已經移轉給社會局，武雄結結巴巴地問不是中央有交辦下來嗎？但戶政事務所的公務員說：「這已經是社會局的業務，就是中央交辦也沒有用。除非是依法律規定，讓法定父母來辦理否定親子關係之訴，不然縱然驗血、驗DNA，做親子鑑定都沒有效！」而接下來摘錄的一段對話，則是顯露出行政人員過於重視規定，僵化到脫離實際生活，以致忽略民眾的權益。而這段對話，也是壓垮武雄的最後一根稻草，讓一向溫和，甚至可以說是懦弱的武雄動了怒，大聲咆哮起來。

公務員B（冷冷地）：「你沒有監護人的同意，你就和小孩住那麼久，這已經是問題，你知道我的意思嗎？這是法律的問題，你去台北找官員，去找總統來也沒有用。」

武雄（大怒）：「我哪有什麼問題！我跟孩子在一起有什麼問題？我是她父親，我是他父親，有什麼問題！！！這是什麼法律？我是小孩的父親，還要你們說了算嗎！？」

片中武雄和女兒相依為命，但卻因為戶口問題而被拆散
來源：IMDB 電影網站http://www.imdb.com/title/tt0460989/mediaviewer/rm4071528704

深怕妹仔被社會局帶走的武雄，不得已再帶妹仔北上找林進益立委，但立委與助理推說人不在，避不見面。武雄轉去警政署找王組長，沒有立委助理帶領，他當然不得其門而入。到處碰壁的武雄，帶著妹仔在台北茫然不知何去何從，他從電視上看到林進益立委在立院帶人抗議政府政策，他趕回立院想找林進益，但回到立法院，抗議人潮已經鳥獸散，他隨手拿起被丟置在路邊的抗議標語，茫茫然的走向總統府，失神的他差點被車撞，因而跟人起了衝突，在大聲叫囂中，驚動了總統府四周的保警與憲兵，保警與憲兵盤查他的身分，他反而大叫要見總統，終於被保警逮捕進警察局。

在被短暫拘留後，武雄此時已經山窮水盡，幾近絕望，同時對政府的不滿已經達到爆發的臨界點！無計可施的他，憤而挾持自己的女兒，在台北火車站的天橋上，作勢往下跳。此舉果然引來大批民眾圍觀，媒體紛紛做現場轉播。在媒體與警察逼進的同時，他做出了一個弱勢者對整個行政體系冷酷僵化，最撕心裂肺的控訴：「社會不公平啦！我自己的女兒要你來管嗎？沒讀書又怎樣？做工又怎樣？找總統也沒用，找立委也沒用……我要讓我女兒讀書而已，只是要讓她讀書而已，這有怎麼樣嗎？讓你們糟蹋、糟蹋得還不夠嗎？」在混亂中，警察趁武雄一個不注意，兩方包夾，一邊將武雄拽住，一邊將妹仔救出來，一場鬧劇，就此落幕。

武雄短短的幾句話，道盡了他身爲人父，爲了讓女兒上學所遭受的委屈。而這個屈辱，卻是來自於應該保護他與妹仔權益的政府。在電影中公務員要求法定父母來辦理否定親子關係之訴，似乎是言之成理；但是在實務上，根本就是強人所難。因爲，這些非婚生子女，多是父親或母親其中一方外遇造成的。一般而言，如果是女子外遇所生，多數不敢讓丈夫知道，就如同妹仔的母親一樣，根本就找不到人，或是不敢承認。戶政事務所的公務員依法行政，做這樣的要求，並沒有錯，但缺乏了同理心。武雄是妹仔的父親，依現在的科技，透過驗DNA就可確認親子關係，卻因爲法律沒有規定，就無法承認其父女關係，顯然就是立法疏漏。規定是死的，人是活的，法律實在無法涵蓋人類在社會中所有的行爲。但是政府的行政作爲，不就是爲了便利人民與解決人民問題而存在的嗎？如果一切依法行政，但對於這樣明顯的立法疏漏，視而無見，豈不讓類似武雄這樣的弱勢者求助無門，讓妹仔一輩子都沒辦法上學嗎？

依法行政反阻礙人民權利案例比比皆是

這類因爲行政程序僵化導致人民權利受損的案件，也曾在其他國家的電影出現過。二〇一五年台北電影節曾經上映過一部印度年輕導演查譚雅・塔姆哈尼（Chaitanya

Tamhane）的作品「等待判決的日子」（Court），內容是一位四處演唱自己作品的老憤青被警察逮捕入獄，等著出庭受審的故事。這本來只是一件小案，但是因爲法律程序冗長，審判日期一延再延，老頭身體不好，但只能在獄中慢慢等待。這部電影對於印度司法體系與官僚制度有很翔實的描述，只可惜影片只在影展中曇花一現，就再也看不到了。此外二〇一六年英國導演肯・洛區（本書所討論的另一部電影「吹動大麥的風」導演）執導了一部名爲「我是布萊克」的影片，內容描述一位木匠要向政府申請失業救濟，卻被繁複的線上申請程序搞得他人仰馬翻，遲遲無法取得救濟補助。

在「不能沒有你」推出的同一年，香港導演許鞍華也推出一部名爲「天水圍的霧與夜」的電影。該片同樣改編自眞實社會案件，也都對官僚體系的僵化與冷漠提出嚴厲的批判。只不過「不能沒有你」中武雄與妹仔的問題，最後獲得了解決。但「天水圍的霧與夜」，卻是一樁永遠不可挽回的人倫悲劇。這齣電影描述的是：年輕的中國籍妻子阿玲因爲年長的丈夫李森的善妒不信任，動輒暴力相向。當她求助於社工，可是社工只想息事寧人。但李森的家暴越來越變本加厲，最後阿玲在鄰居的建議下，向區議員求助，但區議員也只能將阿玲介紹至庇護所，除此之外也無計可施。這期間，阿玲不斷地向社工與警察部門提出求助，但是能得到的奧援卻微乎其微。而且，他們也輕忽了阿玲所發出的求救訊息。最後，李森威脅阿玲，如果再不回家，就要殺掉雙胞胎女兒，阿玲慌張的報警，要求警察陪她回家探視雙胞胎，但警察認爲是阿玲大驚小怪，而不願協助。阿玲無奈，只好跟著李森回家。但此一回家，卻發生了慘劇，李森根本已經是喪心病狂，他不但殺了阿玲，也殺了雙胞胎，最後再自戕。

在現實中，武雄故事的原型阮某，因天橋抗議事件後，引起關注，根據當時的報導，《民法》因此增訂「子女自知悉其非爲婚生子女之時起兩年內」也可以提出否定親子關係之訴。也就是說，原本依《民法》規定，妹仔的合法父親應該是其母張明秀的法定配偶，而武雄是與妹仔無任何法律關係的生父；但是修改後的《民法》，放寬讓妹仔可以向其「法定」的父親提出婚生否定的官司，來推翻兩人的父女關係。武雄便可依判決至戶政事務所辦理，並同時辦理妹仔認領手續，即可將妹仔的「父親欄」變更爲「武雄」。據媒體報導，阮氏父女後來也受邀觀賞「不能沒有你」這部片，觀後卻表示，劇情與他們的親身經歷完全不同。因此只能說，這個案件只是觸發戴立忍編導這部劇的靈感來源。此外，這部片最特別的地方是導演大膽啓用許多非職業演員擔綱演出，特別是主角武雄與女兒妹仔這兩個角色都是素人演出。飾演爸爸武雄的陳文彬本身就是一位紀錄片導演，也是專業政治工作者，擔任過國會助理，也曾經接受民進黨徵召競選立委但失敗，現在則擔任彰化縣文化局局長。

談到行政程序僵化，本書作者之一在立法院其實也曾遇過相同的案例。女方外遇生子，因爲怕配偶知道自己外遇，一直避不出面，導致該私生子一直無法申報戶口，因此無法上學，生父最後沒辦法，找上立委管碧玲。管碧玲委員當時只以人民的受教權是憲法保障的權利，憲法位階高於法律，政府不得以任何法律規定來妨礙小朋友受國民教育的權利，否則就是違憲。以這個邏輯推論，小朋友的受教權是最優先保障，至於戶口申報的問題，則爲其次。只可惜當時的阮某沒有早一點碰上管碧玲委員，不然就不會採取如此極端的手段。或許是因爲身在民意機關，處理過的陳情案件很多都是類似情況，才會對這部電影有很深刻的感觸。

13

美國實現種族平權的漫長之路
——梅岡城故事（*To Kill a Mockingbird*）

父：殺死一隻學舌鳥，是一種罪過。
子：爲什麼？
父：因爲學舌鳥只是製造音樂讓我們欣賞，牠們並沒有啃食人們的花園、沒有在玉米倉上築巢，牠們只是用心唱歌給我們聽。

美國／英語
一九六二年出品
導演：羅伯特・穆里根（Robert Mulligan）
編劇：霍頓・富特（Horton Foote）
原著：哈波・李（Nelle Harper Lee）
來源：IMDB電影網站http://www.imdb.com/title/tt0056592/mediaviewer/rm4065244672

美國被譽爲世界最偉大的民主國家，但是由於歷史因素，非裔美國人（African Americans，以下使用一般通稱的黑人Blacks）過去在政治上的權利，並未受到保障。十九世紀初，南方各州引進大量非洲黑人作爲農場勞動力來源，並實施種族隔離政策。一八六〇年，反對奴隸制的林肯（Abraham Lincoln）當選美國總統，引發南方各州脫離聯邦，進而爆發內戰。戰後黑人雖然獲得平等權利，但是因爲經濟上仍屬弱勢，加上南方白人支持的民主黨繼續掌控南方各州，以致種族歧視的情形仍然持續。到了一九五〇年代，南方各州陸續出現主張黑人平權、廢除種族隔離的運動，並且在一九六〇年代達到高峰。討論黑人人權的電影「梅岡城故事」，就發生在種族隔離政策執行最嚴格的阿拉巴馬州。

永垂不朽的文學巨著《梅岡城故事》

這部電影改編自哈波·李（Nelle Harper Lee）於一九六〇年出版的同名小說，描述白人律師不懼周遭的嘲諷與威脅，勇敢爲無辜黑人辯護的故事。雖然講述的是種族歧視與人性偏見的嚴肅課題，但因爲是從六歲小女孩的眼光來敘述，反而帶有童稚的天眞與溫暖。當年小說一出版，即獲得很高的評價，不但贏得普立茲獎，在銷售上也得到極大的成功，被美國許多學校列爲必讀經典。從小說改編的電影於一九六二年推出，因爲高度還原小說精神，亦是叫好叫座。不但贏得奧斯卡最佳男主角、最佳改編劇本與藝術指導三項獎座，在一九九五年更被美國國家電影保護局指定列入國家電影名冊中，被國會圖書館視爲「文化上非常重要」的電影。電影中白人律師阿提克斯・芬奇（Atticus Finch），由著名男星葛雷哥萊・畢克（Gregory Peck）飾演（台灣觀眾對他的印象大概多來自另一部著名電影「羅馬假期」（Roman Holiday）），其塑造的正義律師形象，成爲影史上的經典。二〇〇四年美國電影學會評選「AFI百年百大英雄」，阿提克斯・芬奇律師被選爲第一名，超越了「法櫃奇兵」（Raiders of the Lost Ark）裡的印第安納・瓊斯（Indiana Jones）與〇〇七的詹姆斯・龐德（James Bond）。

講到「梅岡城故事」，不得不提到作者哈波・李。她在三十六歲那年出版《梅岡城故事》（*To Kill a Mockingbird*）後，聲名鵲起，名利雙收。但此後，卻未有任何作品問世，而且幾乎過著隱居的生活。在長達五十五年後，她才再出版第二本小說《守望者》（*Go Set a Watchman*）。根據哈波・李自述，《守望者》其實早於《梅岡城故事》完成，但是出版社編輯卻對書中主角對自己孩提時代的回憶更有興趣，鼓勵她再發展成另一部小說，遂有《梅岡城故事》。哈波・李的一位青梅竹馬好友楚門・卡波帝（Truman Capote），同樣也是美國文壇重要作家，最著名的有《第凡內早餐》（*Breakfast at Tiffany's*）與《冷血》（*In Cold Blood*），與哈波・李一樣，她的《第凡內早餐》也被改編爲同名電影，同樣成爲美國影壇的經典。而一般認爲，卡波帝是《梅岡城故事》中小女孩好友迪爾（Dill Harris）的原型。

《梅岡城故事》向來被視爲探討種族歧視的經典。但實際上，它所要傳達的價值，更遠遠超越種族問題。電影英文名爲To Kill a Mockingbird，中文直譯爲「殺死學舌鳥」。不過，大概是這樣的片名以中文來看不夠優雅，而且也不吸引人，因此就改以故事發生地梅岡城（Maycomb，這是一個想像的地名）爲名。乍看之下，還會以爲是部西部片，但這是題外話。英文片名To Kill a Mockingbird，來自於電影中父子的對話，父親告訴孩子說：「殺死學舌鳥是一個罪過，因爲學舌鳥什麼事都沒做，只不過唱歌給我們聽，讓我們快樂，牠不毀壞花園，不在玉米地裡築巢。」由此可知，電影所揭櫫的價值更爲宏觀，即任何無辜的人，都不應被傷害。

孩子眼中的美國南方世界

電影是以六歲小女孩史考特（Scout）的眼光，觀察生活周遭的變化。因此，一開始鏡頭的推移是一堆孩子撿拾來的玩偶、彈珠、別針、鉛筆，大大的特寫象徵著縱然是大人眼中細小微不足道的事，但在孩子的心中、眼中都是重要得不易抹煞的記憶。與這些小玩物交替的畫面是小孩手拿著蠟筆畫著線條簡單的鳥，畫完後卻粗魯地將鳥從圖畫紙撕了下來……而故事就此開始。

夏天的梅岡鎮就如以往一般，又熱又無趣。剛滿六歲的小女孩史考特在樹下拉著繩子，盪來盪去。她看到鎮外農人坎寧安（Walter Cunningham, Sr.）揹著一袋農作物往家裡走來，她馬上跳下來，往屋裡大喊：「阿提克斯」，高興地將父親阿提克斯從屋裡叫出來。坎寧安一臉尷尬，看著阿提克斯，將手中一麻袋的核桃遞給他，算是對他的報答。阿提克斯回說：「謝謝你上週帶來的甘藍，眞的很美味。」簡單的問安後，坎寧安轉頭就走。在坎寧安走遠後，阿提克斯對著小女兒史考特說，下次坎寧安先生再來，不要叫他出來。史考特一臉疑惑，她原以爲父親想要當面感謝坎寧安先生。但是阿提克斯告訴史考特說：「當面感謝反而讓坎寧安更難堪。」因爲，阿提克斯幫坎寧安打官司，坎寧安沒錢付，只能送一些農作物。因此，阿提克斯寧願默默收下這些東西，保有對方的尊嚴，如果當面拿，更讓坎寧安覺得自卑。

史考特還有一個大他四歲的哥哥傑姆（Jem）。有一天，當他們在樹上玩耍時，看到隔壁的菜園躲著一個陌生的孩子。傑姆問小孩幾歲了？小孩說將滿七歲，小孩說自己叫迪爾，住在密西西比，過去兩週都住在隔壁的阿姨家。史考特跟迪爾說自己的媽媽不在了，只有爸爸。她反問迪爾，那你的爸爸呢？迪爾說他也沒有爸爸，史考特問，你爸爸過世了嗎？迪爾說沒有，史考特再追問，如果沒死，那一定有爸爸啊，你沒有嗎？迪爾一臉呆滯，默不出聲。哥哥傑姆轉頭叫史考特不要再問了，史考特一頭霧水，回問哥哥：她說錯什麼了嗎？

在這個鎭上，孩子們間都流傳著一個恐怖人物——「布」（Boo）的傳說。「布」的身材高大，從不在白天出門，只在夜間活動，而且只吃松鼠和貓，臉上有一條很長的疤，牙齒又黃又爛，長得很大隻又大暴眼，還不斷流口水。孩子們對經過「布」的家門前視爲畏途，但卻常常故意跑去敲「布」的門，然後趕快跑走，來顯示自己的勇敢。阿提克斯常常警告傑姆、史考特兄妹不要去打擾他，但兄妹倆置若罔聞，還是以此爲樂。

一日晚上，傑姆帶著史考特、迪爾計畫到「布」的家冒險，他們要去看「布」的眞面目。他們穿過後院的鐵絲網，偷偷靠近「布」家後門，正當他們在門廊上偷看，卻被「布」高大的身影，嚇得落荒而逃。在鑽出鐵絲網時，傑姆的褲子被勾住，情急之下，他脫下褲子匆忙逃出，逃回家後才驚魂甫定。但是，沒穿褲子的傑姆不敢進家門，他決定回去找褲子。史考特驚恐地看著傑姆跑回去找褲子，生怕傑姆回不來。突然一聲槍響，嚇得史考特眼睛睜得大大的，才看到傑姆拿著褲子，飛也似地跑到面前，傑姆想也沒想馬上把褲子穿上去。很久之後，傑姆才跟史考特說，當他回去拿褲子時，發現他的褲子摺得整整齊齊，好像在等著他去拿。

暑假結束，新的學期開始，史考特也開始上學。但第一天，史考特就跟一個叫沃特（Walter Cunninghan, Jr.）的男孩打架。原來，沃特害她被老師責備，只因爲她問沃特爲什麼你沒有錢買午餐。傑姆制止史考特，還邀請沃特回家吃飯。原來，沃特正是農人坎寧安的兒子，傑姆邀請沃特，讓史考特更生氣了。沃特面對盤子上的食物，說他很久沒吃烤肉了，最近常吃的只有松鼠與兔子，有空的時候他會跟爸爸去打獵。而這個話題引起傑姆的興趣，他問父親阿提克斯幾歲開始有槍，阿提克斯一邊分菜，一邊回憶說：「我記得我爸給我槍的時候，他告訴我不能對著家裡任何東西，最後我只能射後院的鐵罐。但他說，那是遲早的事，如果我能射中那些鐵罐，就能射中任何我想射的藍鵲。但要記住一點，殺死學舌鳥是一個罪過，因爲學舌鳥什麼事都沒做，只不過唱歌給我們聽，讓我們快樂，牠不毀壞花園，不在玉米地裡築巢。」

沃特將楓糖漿滿滿地倒在盤子裡。面對沃特怪異的舉止，史考特大叫：「你搞什麼鬼啊？」沃特難過得哭了起來。父親制止史考特，保姆把史考特叫進廚房，責備她說：「沃特是妳的朋友，就算他想吃鋪在桌上的那塊布，你也要讓他吃！」史考特難過得跑到前廊哭了起來，阿提克斯安慰她，史考特說為什麼她做什麼都有錯！阿提克斯說只要妳理解一件事，就可以跟任何人好好的相處，就是妳要學著從別人的角度看事情。

阿提克斯在餐桌上對傑姆與史考特的兩段對話，就是這部電影所要揭櫫的精神：「不應傷害無辜的人，以及保有同理心。」電影中，阿提克斯所塑造的父親形象是慈祥中帶著威嚴，而且以身作則，他對小孩的教導常透過這樣的對話形式呈現。

螢幕永恆的人權英雄——阿提克斯

一天，史考特一個人蜷曲在門廊的柱子旁哭泣，阿提克斯靠近。

阿提克斯：「史考特，怎麼了？」

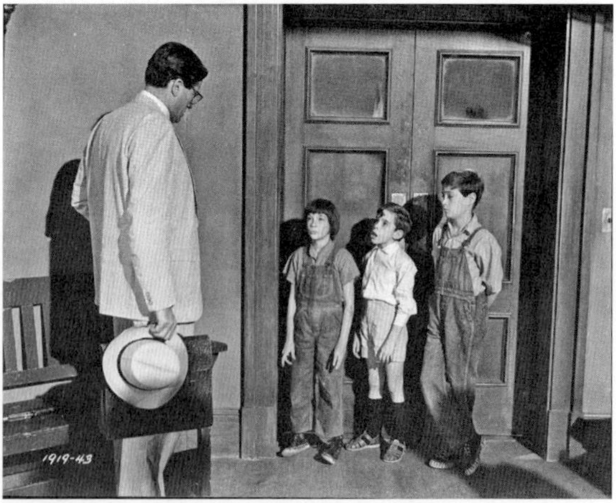

傑姆、史考特兄妹與迪爾到法庭看阿提克斯出庭
來源：IMDB電影網站http://www.imdb.com/title/tt0056592/mediaviewer/rm1315163136

史考特抬起頭：「阿提克斯，你爲黑鬼（niggers）辯護嗎？」

阿提克斯皺眉頭：「不要叫他們黑鬼。」

史考特：「不是我說的，是他們說的，這是爲什麼我跟他們打架。」

阿提克斯：「史考特，我不要妳跟人打架。不管任何理由，我禁止妳打架。」

史考特低頭：「是的。」

阿提克斯：「無論如何，我是幫一個黑人（negro）辯護，他叫湯姆・羅賓森（Tom Robinson）。鎮上很多人認爲，我不應該幫他。」

史考特：「……那你爲什麼要做呢？」

阿提克斯：「……如果我不做，我在鎮上會抬不起頭來，我甚至沒有資格告訴妳和傑姆，什麼能做，什麼不能做……但妳要記住一件事，妳不要再因此打架，不管他們說什麼。」

在這段對話中，史考特與阿提克斯分別用nigger與negro來稱呼黑人，這兩個字在現代都被視爲歧視性的字眼。但在「梅岡城故事」攝製時的一九六〇年代，negro這個字反而被視爲比black還更具禮貌性。但後來一些黑人人權領袖，例如麥爾坎X（Malcolm X），他們反對negro這個字，因爲這個字源自於美國黑奴時期，象徵非裔美國人是次等公民，所以他們反對用這個字稱呼黑人。因此，在一九六〇年代末期之後，才以黑人（black）與非裔美國人（African-American）來稱呼。

本片的前半部，主要是透過史考特成年之後的回憶，來看她當年成長的環境。藉由這些回憶的片段，來拼湊出一九三〇年代美國南方的情況，包括民風保守的小鎮生活，經濟大恐慌所造成的貧富不均等等。當然，作者在此也加入了一些兒童感興趣的元素，例如，喜歡結伴去冒險、對傳說中恐怖人物「布」的描述等等。不過，就在阿提克斯接下黑人湯姆．羅賓森的辯護律師任務後，整齣電影開始進入種族歧視的主題。

羅賓森被指控強暴鎮上白人婦女，即將開庭。在開庭的前一日，羅賓森從城裡的監獄被押解回鎮上法院看守所，許多鎮民與農人準備晚上去抗議，並動私刑。警長很擔心，跑來告訴阿提克斯，阿提克斯決定去看守所陪伴羅賓森。而傑姆、史考特與迪爾也尾隨而至，但他們怕阿提克斯責罵，躲在旁邊的草叢偷看。

黑夜裡，阿提克斯獨自坐在看守所門外，就著一盞檯燈，看著書，靜靜地等著抗議的人群。這幕戲，安排得很經典，加上演員葛雷哥萊．畢克剛毅的臉部線條與高大的身材，實在有「千萬人，吾往矣」的氣勢，而這也成就了阿提克斯這個角色，成爲影史上最令人尊敬的英雄。

果然一群帶著槍枝的鎮民、農人靠近看守所，他們要求阿提克斯讓開。傑姆與史考特看到眾人靠近爸爸，急忙地跑到他身邊。阿提克斯非常驚訝，嚴厲地叫傑姆帶妹妹與迪爾回家，但是傑姆拒絕。在人群中，史考特看到坎寧安先生，她大聲跟他打招呼，但坎寧安側過臉。史考特疑惑地問他：「你忘了我嗎？有一天，你還帶核桃來謝謝我爸爸，是我叫爸爸出來跟你道謝，你的限定繼承的官司還好嗎？我跟你兒子沃特一起上學，幫我跟沃特說：『嗨！』好嗎？」史考特的童言童語，彷彿提醒眾人阿提克斯過去幫助大家的種種。大人們

葛雷哥萊．畢克所飾演的正義律師阿提克斯，讓他成為影史上的經典英雄第一名
來源：IMDB電影網站http://www.imdb.com/title/tt0056592/mediaviewer/rm1281608704

羞愧得低下頭來，坎寧安對著眾人說：「我們走吧」，眾人一哄而散。

開庭當天，鎮上法院擠滿了觀審人潮。嫌犯羅賓森是個身材高大，而且長得好看的黑人，看起來個性溫和且有教養，但指控他的是一個顯然沒受過什麼教育的白人女孩梅耶拉（Mayella）。梅耶拉父親尤厄爾（Ewell）是鎮上有名的醉漢，常在醉後毆打梅耶拉。在電影中，兩個白人受害人反而被塑造成是猥瑣、令人無法信任的形象。在法庭的攻防中，梅耶拉與父親尤厄爾的證詞漏洞百出、前後矛盾，完全站不住腳。事實證明，這根本是刻意的陷人入罪。從法庭上的證據顯示，是梅耶拉自己對羅賓森投懷送抱，卻被父親看到。尤厄爾看到女兒竟然主動親黑人，感到羞辱到了極點，因此痛打她，最後還嫁禍給羅賓森。

阿提克斯了解這個白人女孩的處境，在最後的結辯中，他講道：「她（梅耶拉）是殘酷的貧窮與愚昧的受害者，我同情她，但我不會因此對她有更多的憐憫，因爲這攸關一個人的生命。梅耶拉這樣做是爲了擺脫自己的罪惡感，但她沒有犯罪，她只是打破一個僵硬而且歷史悠久的社會準則，這個準則如此的嚴厲，嚴厲到任何人都不能打破。因此，她必須銷毀所有證據，而她罪行的證據，就是湯姆·羅賓森——一個『人』。她必須擺脫羅賓森，不如此做，羅賓森將會每天提醒她，她誘惑了一個黑人。一個白人誘惑了黑人，她做了一件我們社會難以啓齒的醜行。一個白人親了黑人，不是親了一個老叔叔，而是一個強壯、年輕的黑人男子……」

阿提克斯的這段陳述鏗鏘有力，不但點出了黑人也同爲「人類」的事實；同時，他也點出了禮教的虛僞、對女性的戕害，梅耶拉是犧牲者，但在扭曲的社會規則下，同時變成了加害者。

縱然證據如此明確，但在全部都是白人男性組成的陪審團，與當時社會的氛圍下，還是給了羅賓森有罪的判決。雖然可以上訴，但羅賓森在移送回城裡的監獄時，試圖逃跑，不幸被守衛開槍射殺。

導演在這裡安排了一段阿提克斯離開法庭，在二樓旁聽的黑人全體站起來、目送其離開的畫面。雖然無法讓羅賓森獲判無罪，但是阿提克斯在法庭上據理力爭的形象，贏得所有黑人的尊敬。這場法庭戲也成爲美國影史上的經典之作，並被美國電影學會評選美國影史上十大最佳法庭影片中的第一名！

善良無辜的人不應受到傷害

幾個月過去了，到了萬聖節前夕，史考特參加鎭上的表演，她扮演成一隻火腿。表演結束後，她找不到自己的衣服與鞋子，拖了很久才與哥哥一起回家，而所有的人都散去了。史考特與傑姆兩人走入漆黑無人的樹林中，但總覺得有人在跟蹤。尤厄爾這時突然跳出來，把傑姆重摔在地上，在他回頭要抓史考特時，一名男子的手抓住尤厄爾，將他撂倒，並把他殺死。男子將受傷的傑姆抱回家，史考特也跟著跑回家，才發現這個陌生的男子就是他們一直想要一睹廬山眞面目的「布」。「布」不是他們所想像的面貌猙獰，而是一個很害羞的大男孩。鎭上警長知道是「布」殺死尤厄爾，但是他決定不舉發。他對阿提克斯表示，他會以尤厄爾誤殺了自己結案。因爲「一個黑人沒有理

小說原始作者哈波・李與扮演史考特的瑪麗・貝德漢（Mary Badham）合照

來源：https://www.theguardian.com/books/2016/feb/19/harper-lee-quotes-10-of-the-best

原始出處：Everett/REX Shutterstock

由就死去了，現在這個罪魁禍首也死了，就讓死人埋葬死人吧！而且如果硬要讓這個怕羞的人，成爲鎮上引人注目的中心，實在是一種罪過！」

阿提克斯看著「布」與史考特，陷入沉思。史考特看著父親，說道：「警長是對的……因爲這好像是射殺一隻學舌鳥，不是嗎？」

《梅岡城故事》的作者哈波．李，後來在對外解釋其創作動機時表示，小說內容多是根據她的童年經驗，裡面的人與事都是她小時候親身聽到或看到的。一九三〇年代，在阿拉巴馬的確也發生過像片中羅賓森這樣的冤獄案件。更重要的是，在小說出版的一九六〇年代初期，以黑人平權爲主題的文學作品非常稀少。因此，雖然哈波．李並不自詡爲人權運動家，但是她的小說與改編而成的電影，卻成爲探討美國種族歧視制度的經典之作。

種族平權仍是條漫長的路

在美國電影中，關於種族歧視政策的作品相當多，其中一九八八年出品，由金．哈克曼（Gene Hackman）主演的「烈血大風暴」（Mississippi Burning）是依據一九六四年在密西西比州三位民權運動人士（其中二位爲白人），遭到執法警察槍殺的眞實事件所改編；一九九二年有一部丹佐・華盛頓主演的電影「麥爾坎X」（Malcolm X，也譯爲「黑潮」），描寫一九六〇年代的傳奇，但具有爭議的黑人革命家麥爾坎X生平；二〇一一年的電影「姐妹」（The Help）講述一位女大學生因看不慣家鄉社會對黑人女傭的歧視，毅然執筆幫助這些女傭爭取權利的故事，對於美國黑人民權運動前南方社會風貌有很細緻的描寫；二〇一六年的電影「關鍵少數」（Hidden Figures），則以一九六〇年代三位在太空總署（NASA）工作的黑人女性爲主角，敘述其即使因爲膚色與性別受到刁難，仍然努力工作，最後成功幫助太空總署完成將人送上太空的任務。

黑人民權運動在一九六〇年代迅速成爲美國社會最重要的議題，其中最著名的指標事件是一九六三年八月二十八日，金恩博士在華盛頓特區的林肯紀念堂廣場前，當著二十五萬名群眾發表著名的「我有一個夢」（I Have a Dream）演說。此後，美國聯邦政府在輿論壓力下，於一九六四年通過《民權法案》，宣布廢止種族隔離和歧視政策，並賦予黑人擁有平等選舉權；二〇〇八年歐巴馬（Barack Obama）當選美國總統，成爲歷史上第一位擔任國家元首的非裔美國人。不過在其執政期間，美國仍然出現數起白人警察執勤時槍殺黑人嫌犯，引發大規模族群衝突的案件。可見，美國社會要達到眞正的族群平等，還有很長的一段路要走。

14

二戰後日本反戰思維的起源——我對青春無悔（わが青春に悔なし／*No Regrets for My Youth*）

別忘了自由背後的犧牲和責任。我們現在做的，要十年後才會獲得日本國民的感激！

日本／日語
一九四六年出品
導演：黑澤明（Akira Kurosawa）
編劇：黑澤明（Akira Kurosawa）
來源：IMDB電影網站http://www.imdb.com/title/tt0039090/mediaviewer/rm3459390720

如果談到現今東亞的國際局勢，許多人大概會認為發生軍事衝突的可能性似乎比過去又更高了。除了北韓大肆發展核武與飛彈，對美國與日本都構成嚴重安全威脅之外，中國政府也指責日本不知反省戰爭責任，卻忘了自己也正在擴張軍武，同時以強硬態度要求收復釣魚台等「失土」。這些發展，似乎都一步步促使日本各界重新檢視其憲法中「放棄戰爭」的原則。

戰後日本的反戰思維

日本究竟是否最終會放棄非戰憲法、重新走向軍事化，我們不得而知。但是，最關鍵的應該還是社會大衆對戰爭的態度。其實過去幾十年來，反戰的思維一直存在於日本社會之中，無論是小說、電影、還是動畫，都有著一批以控訴戰爭不義、控訴軍國主義，並提醒世人勿再重蹈覆轍的反戰作品。「我對青春無悔」幾乎是所有反戰電影的鼻祖，因此在二十一世紀的此時，重新觀看這部電影，或許能讓我們理解日本人的自省能力與戰後思維。

這部蘊含反戰元素的電影攝製於一九四六年，當時的日本已被美國接管，雖然戰時日本將美國視爲死敵寇讎，但當天皇正式頒布詔令：「放下武器，不應再做更多的抵抗」，日本全國幾乎沒有反抗地接受命運的安排。此部分在另一部描述美國接管日本的電影「日落眞相」，早有精彩的演繹（見筆者姐妹作《電影與國際關係》一書）。當時，麥克阿瑟將軍代表美國接管日本，在飛往日本的途中，接獲消息，將有兩千名皇軍迎接他，幕僚擔心美軍只有一百名，寡不敵衆。但麥克阿瑟深信天皇下令投降，日軍必不會反叛。軍機抵達厚木機場後，麥克阿瑟拿著煙斗，神態自若地步下飛機，他就這樣輕鬆地的進入日本。

美國接管日本最大目的，就是徹底消除日本的軍國主義與國家主義。在這樣的氣氛下，「我對青春無悔」可說是當時政治最正確的電影。同年，也有一部反戰電影木下惠介的「大曾根家的早晨」，這兩部電影算是戰後最早出現具有反戰意識的作品。此後，日本電影界陸陸續續也推出不少具有自我反省、批判的反戰電影，尤其在一九五五年脫離美國監管後，更是百花齊放，成就更高。例如，木下惠介的另一部電影「二十四隻眼睛」，電影中大石老師因不願宣揚日本軍國主義，更不願將自己的學生送上戰場，憤而辭掉教職。之後日本打敗戰，國人皆傷心，大石老師反而覺得很慶幸，因爲再也不用有人上戰場了；而她只爲死人哭泣，不會爲戰敗哭泣。電影彰顯出生命的價値，更甚於國家利益。另外，還有一部由市川崑所導演、藝術成就很高的電影「緬甸的豎琴」，描述在緬甸服役的日本士兵水島，因厭惡戰事，藉一次任務失敗，脫離軍隊，自行剃度爲僧。當他帶著豎琴，雲遊緬甸鄉野時，發現成千上萬的日軍曝屍荒野，他大爲驚駭，但也十分不忍，於是將所遇屍骨一一收拾。戰爭結束，他有機會回日本，但他決定留在緬甸，因為「亡骨不清，誓不返鄉」。電影沒有刻意討論戰爭的責任歸屬，但是讓人民遠死他鄉，成為無主屍骸，已是國家最大的罪惡。此片風格迥異於其他反戰影片，優美的音樂與寧靜安詳的緬甸風光，貫穿整部電影，反而流露出凝重哀傷的濃濃詩意。二〇一七年一部名為「謝謝你，在世界的角落找到我」的動畫片，描述一位受戰爭影響生活的女主角鈴，在面對二戰期間家破人亡、生活困頓的情況下，仍然保持著天真無邪的個性。推出不久，就創下二十六億日圓票房紀錄，儼然成為新一代反戰影片的代表。

黑澤明——日本最偉大的導演之一

本片導演黑澤明是日本二十世紀最著名，也最具影響力的導演，他也是將日本電影推向國際舞台的重要推手。他執導的「羅生門」、「七武士」、「用心棒」（大鏢客）、「德蘇・烏札拉」、「影武者」、「亂」等片，至今仍被視為影壇經典。當中「羅生門」顯然最具指標性，黑澤明憑此片獲得一九五一年的金獅獎，也是亞洲電影第一次獲得西方大獎，這不但是黑澤明個人的榮譽，也讓西方社會注意到日本電影。黑澤明的敘事風格西化，不只在攝影與剪輯上。在內容取材上，有改編自西方文學經典，像「亂」和「蜘蛛巢城」分別改編自莎士比亞的《李爾王》（*King Lear*）和《馬克白》（*Macbeth*）。而他的「七武士」也被改編成著名西部電影「豪勇七蛟龍」（The Magnificent Seven），迪士尼令人捧腹大笑的動畫片「蟲蟲危機」（A Bug's Life）故事原型也源自於此。另一部經典西部片「荒野大鏢客」（A Fistful of Dollars）更是完全翻拍自黑澤明的「用心棒」，也因此黑澤明控告「荒」片製片方且獲得勝訴。可見，黑澤明的電影多受歐美觀衆的喜愛。

除了導演黑澤明，另外要特別介紹女主角原節子（一九二〇年六月十七日至二〇一五年九月五日）。這位屢屢被日本《電影旬報》評選爲日本最佳女演

飾演幸枝的原節子屢屢被日本《電影旬報》評選為日本最佳女演員第一名
來源：IMDB電影網站http://www.imdb.com/title/tt0039090/mediaviewer/rm136037632

員第一名的傳奇女明星，五官深邃、體態健美，外形不同於日本傳統女星，但她的西方特質卻不影響日本人對她的喜愛。原節子活躍於一九四〇至一九六〇年間，戰時她拍攝了許多宣揚軍國主義的電影；而戰後，她的角色則轉變為反戰或民主時代的獨立女性形象，但同樣深受歡迎。尤其在戰後，她多次參與演出日本名導小津安二郎的作品，例如，「東京物語」、「晚春」、「麥秋」等片。她所塑造出節制、體貼、大方，舉止有度的現代女性形象，成為螢幕經典，將她推向事業的高峰，但她卻在最輝煌的時候突然隱退，就此再也沒有出現在大眾面前。因為她一生未婚，也被稱為「永遠的聖女」。

日本的帝國主義

八木原教授是深受學生愛戴的法學教授，他的掌上明珠幸枝年輕貌美，很受他的學生歡迎，其中以絲川與野毛兩位學生追求最熱烈。幸枝也與父親的這些學生們打成一片，這些京大的學生菁英們閒暇時登山踏青，吵吵鬧鬧、恣意享受著青春的美好。一次同學們野外郊遊，遠方炮火隆隆的演習聲，讓同學們都吃了一驚。野毛語重心長地嘆道：「滿州事變已讓法西斯主義高漲……」但幸枝討厭野毛說教，還天眞地說：「最喜歡聽到演習的聲音。」

電影年代設定於滿洲事變（亦即九一八事變）後。當時，中國軍隊與日本關東軍在東北邊防爆發衝突，日軍以中國軍隊炸毀日本的南滿鐵路爲藉口，占領瀋陽。從此，日本的軍閥主戰派崛起，藉機擴張帝國主義，爲了統一國内言論，對反侵略主義者皆嚴厲鎮壓。崇尚自由主義的八木原教授在昭和八年（一九三三）被文部大臣逐出學校，法學部教授與學生皆感憤怒，教授們辭職，京大學生會決定休學聲援八木原教授。一日，野毛、絲川在八木原教授家聊天，野毛一貫地抨擊日本軍閥以財閥、官僚爲後盾，把中國滿洲弄成半個殖民地，他批評政府爲了壓制國内不同聲音，遂實行思想統一的鎮壓手段。他認爲，教授們想要以辭職施壓文部省反省，實在是太天眞。因爲，文部省根本就與軍方勾結，最後失敗的一定是學校這邊，他主張用更激烈的手段反抗軍國主義。野毛的話讓幸枝聽不下去，她認爲，人生不應老是繞著這些令人煩惱的話題打轉，應該有更美好快樂的一面。野毛指責幸枝只會一味地構築自己美麗的世界，不摔一跤是不會成長的！一旁的絲川始終不發一語。八木原教授叫野毛不要再發表這種言論，他警告野毛，小心他的學籍被取消。但是野毛表示，縱然老師不贊成，他還是要堅持到底。

野毛繼續參加學生運動，不斷地向政府示威，反對法西斯。在一次的抗議活動中，被鎮暴警察逮捕，從此下落不明。他的一群同學好友們向八木原教授表達想要退學來抗議政府，卻反被勸阻。絲川一直是這群同學中不敢表態的人，聽到八木原打消同學們退學的決定，鬆了一口氣，心裡不禁愉快了起來，但他的舉動都被幸枝看在眼裡。雖然幸枝常對野毛的言論表示反感，內心卻是偷偷地傾慕野毛；而對一直順從她的絲川，卻因爲他的懦弱反應，不由得感到厭惡。

反帝國主義的社會運動

本片故事的原型出自於一九三〇至四〇年代的兩個眞實事件：「京大事件」與「尾崎秀實事件」。「京大事件」是京都大學法學部教授瀧川幸辰因批評日本刑罰制度是封建社會的遺毒，被檢舉爲思想左傾的「赤化教授」，而遭到文部省查禁著作與撤職的處罰。

八木原教授父女都欣賞野毛的正直與勇敢

來源：IMDB電影網站http://www.imdb.com/title/tt0039090/mediaviewer/rm1377153536

京都大學法學部爲了聲援瀧川教授，在法學部長的帶領下，全體教職員提出辭呈；此舉也立即引發法學部學生全部提出退學申請，成爲學運有史以來，教授總辭、學生全部退學的紀錄。當時對瀧川教授做出處分的文部省大臣鳩山一郎，在二次世界大戰之後還曾出任首相，被認爲是自由黨與民主黨合併成爲自民黨的最重要推手。

尾崎秀實是戰爭期間日本活躍的記者與政治評論家。他童年在台北長大，高中畢業後前往東京帝大法學部就讀，畢業後成爲《朝日新聞》記者。此後，他被派往中國，並成爲日本的中國研究權威，與軍部高層、政界都有來往。後來，他被發現替蘇聯從事間諜任務，在一九四四年被處死，得年四十四歲。本片中野毛的角色，明顯是根據尾崎秀實的事蹟編寫而來。不過，二者最大的不同在於，本片中野毛是基於自由主義理念而對抗當局，最後被當局構陷入獄；而尾崎秀實則是眞正的蘇聯間諜，這也是他被處死的原因。據說，後來俄羅斯當局還追贈其勳章。

本電影主角的原型尾崎秀實照片
來源：維基百科共享資源https://commons.wikimedia.org/wiki/File:Hotsumi_Ozaki.JPG

五年後，日本仍持續著對外的侵略戰爭，幸枝也當起了上班族。但她對生活的一切感到乏味，日子過得猶如行屍走肉一般。這時，絲川當上了檢察官，有一天，他帶來了野毛的消息。原來，這五年野毛一直被關在獄中。絲川帶著出獄後的野毛拜訪八木原一家，但野毛已經不再是過去侃侃而談，充滿批判性、理想性的大學生了。他向現實妥協，言談舉止與絲川似乎沒有什麼差別，幸枝看著野毛，內心感到十分失望。

在野毛離去後，幸枝向父母表達想要一個人去東京獨自工作生活。因爲，她厭惡眼前的一切，她想要找出自己生存的價值。三年後，幸枝在東京偶遇絲川，絲川表示自己已結婚生子。他告訴幸枝，野毛也在東京，開著一間東亞政治經濟研究所，儼然是日中問題權威，不斷寫文章評論時政，十分活躍。絲川笑著跟幸枝說，幸好你沒跟隨他，像他這種人，雖然活得很光彩奪目，但就像是攀在懸崖峭壁上。絲川的話，又點燃了幸枝的希望，她三番兩次前往野毛的研究所，但因爲心裡的遲疑，不敢與野毛相認。一次，幸枝在野毛的研究所前徘徊，被野毛撞見了，兩人按捺不住隱藏內心多年的情感，終於走到一起。但野毛跟幸枝坦白，他的工作一直受當局監視，也許有一天要轉到地下，現在風聲越來越緊，隨時都會被抓，所以他要把握時機，做他應當做的事。幸枝與野毛在一起後，彷彿有了新生命，她相信野毛做的每件事，也支持他。雖然知道他可能隨時被抓，但無論怎麼痛苦，她寧願過著這種日後回憶也不會後悔的生活，而這也是野毛一生做人的信念。

電影裡，把幸枝面對愛情生活患得患失的心態有一番蠻細緻的描寫，像兩人野餐時，上一秒還很高興，下一秒幸枝就哭了出來；看喜劇表演時，野毛哈哈大笑，但幸枝卻悲從中來。因爲，幸枝不確定這樣的幸福能持續多久。

好景不長，野毛因反戰言論，被戴上間諜的帽子，因而被逮捕，幸枝也受波及，鋃鐺入獄。當時，正值日本偷襲美國珍珠港，正式向英美宣戰。不久，幸枝被釋放，回到京都家鄉。八木原教授決定親自爲野毛辯護，但絲川告訴他，野毛已經在看守所突然死去。聽到噩耗的幸枝嚎啕大哭，但馬上決定帶著野毛的骨灰回到他的家鄉。

女性的自我覺醒

看到這裡，我們不難發現這部電影大致上是沿著幸枝、野毛、絲川三人之間的三角戀情鋪陳出來的，其中幸枝的角色是關鍵。由於家世之故，她的個性天眞外向、不喜拘束。因此不難想像，她會比較喜歡野毛這種對世局充滿熱情、願意挺身對抗社會不公的人。不過另一方面，幸枝對政治沒什麼興趣，因此也不喜歡野毛這種動輒就激烈批評時政的個性，兩人爲此不時吵架，但也無傷和氣。絲川謹愼保守的個性，雖然讓他永遠得不到幸枝的芳心，但是他卻是能讓幸枝與野毛重逢的關鍵人物。野毛之死，對幸枝是最大的衝擊，因此在電影後半部，她表現出的堅毅執著態度與年輕時完全不同，甚至不齒絲川的苟且行徑，而與之決裂。

野毛叛國的指控，讓他在鄉下的雙親飽受欺凌，父母也引以爲恥，母親一邊挖著野毛的墳地，一邊痛罵野毛。幸枝看著野毛父母的家，家徒四壁，牆壁被鄰人塗寫著間諜、叛國的羞辱字眼。野毛的父親似乎整個人失了魂，對任何事都不聞不問。幸枝決定留下來，代替野毛撐起這個家。縱然野毛的母親半信半疑，但幸枝以實際的行動，展現她的決心。她天未亮，即扛起鋤頭下田耕作，日復一日，從未間斷，從吃力的將土翻起，到熟練地揮舞鋤頭；從穿著白襯衫下田，到與一般農婦無異的裝扮。在她的腦海中，不斷浮現野毛生前所說的話：「別忘了自由背後的犧牲和責任。我們現在做的，要十年後才會獲得日本國民的感激！」也正因爲這些話，幸枝才有信心撐下去。觀眾可以在這裡看到，黑澤明仔細透過鏡頭，呈現出傳統日本農民耕作稻米的完整過程。從幸枝額頭上汗珠的特寫鏡頭，不難想像這原本就是一個非常辛苦的工作，更何況是在其他村民嘲諷，甚至惡意破壞下完成。

幸枝的執著堅持，影響了野毛父母親的態度。過去，他們因畏懼村民的侮辱嘲諷，不敢白天出門耕作，但是幸枝無懼村民眼光，抬頭挺胸扛著鋤頭白天出門，她的信念感召了野毛父母。雖然村民不斷破壞野毛家的農田，對幸枝羞辱訕笑，但卻只是更加深她的信念。幸枝的眼神越來越堅毅，言行舉止已與往昔那位彈琴任性的千金小姐分道揚鑣了。

戰後，野毛獲得平反，八木原教授也回復原職，八木原教授在野毛的追思會感嘆：「希望今天的情景可讓他（野毛）看到，爲了校園的自由而奮鬥，爲了日本的幸福……他是本校的榮耀……野毛的精神，會長存在大家身邊。」回家探望父母的幸枝，坐在昔日常彈的鋼琴旁跟母親閒話家常，母親感嘆這十多年的歲月，彷彿一場夢。現在日子又恢復往日般平靜，她希望幸枝能留下來，這樣家裡就跟往日一模一樣了。幸枝一臉驕傲地對母親搖頭道：「我已經在那紮了根，妳看我的手與這個琴鍵不相稱了……農村生活對女人而言更辛苦，但我希望能貢獻更多，這是我以後的生存價值。而且，我現在是農村文化運動的指導者。」母親感嘆幸枝眞是勞碌命，但幸枝敞著笑臉對著母親道：「回顧也感到無悔的生活，才是我最高興的事。」

「我對青春無悔」電影前面，用極大的篇幅描述女主角幸枝爲了追隨男友野毛，所做的種種犧牲。在這裡也只是看到幸枝迷戀野毛對理想堅持，似乎是對野毛英雄主義的崇拜而已，幸枝此一角色的塑造似乎有不足之處。但電影的最後二十分鐘，卻是急轉直下，原本爲了替男友盡孝，來到農村的幸枝，卻從農村生活中找到個人生命的意義，以致於最後男友獲得平反，她還是決定回到農村生活。

電影最後一幕可說是全片的經典，當幸枝坐上回去農村的貨車，一上車，村民們莫不紛紛向幸枝點頭致意，報以尊敬的眼神，而幸枝對著村民微微一笑，貨車就此絕塵而去。在電影前面，我們看到的是幸枝欣羨於野毛所散發的光與熱，但在最後，我們看到的是幸枝整個人充滿了光彩奪目的自信。

反戰電影的代表之作

作爲一部「反戰」主題的電影，「我對青春無悔」的問世有其時代背景。如果不是日本戰敗，黑澤明大概也無法把這個主題拍出來。不過，如果就此認定黑澤明個人富含反戰思想倒也未必。因爲在二次大戰期間，他也曾經拍攝過一部名爲「最美」的電影，內容是戰爭末期一群年輕女孩投身工廠，爲前線戰士製作軍需品，十足的愛國主義。只能說，作爲一位專業電影工作者，黑澤明只是將他想拍的主題拍好，而「我對青春無悔」這部電影的主題，恰好符合戰後日本社會對軍國主義批判的氛圍。因此，即使黑澤明從來就不以反戰或人道主義者自居，這部電影仍是很具有代表性。

許多國家都有反戰電影，但敘述的角度不盡相同。美國導演史蒂芬・史匹柏的兩部著名電影「搶救雷恩大兵」（Saving Private Ryan）與「辛德勒的名單」（Schindler's List）都和二次世界大戰有關。但是，前者主要是寫實地描寫戰爭的殘酷；後者則是檢討納粹屠殺猶太人罪行，並不能完全算是以「反戰」爲主題。近年來，德國也拍了不少以探討戰爭罪行的電影，例如最有名的「終戰三部曲」（二〇〇五年前後，德國推出的三部與二次大戰相關之電影）：「英雄教育」（Before the Fall/NAPOLA）、「帝國毀滅」（Downfall/Der Untergang）、「帝國大審判」（Sophie Scholl）。其中的「帝國大審判」是以慕尼黑大學學生蘇菲・索爾（Sophie Scholl）與其兄長在校園內發送反戰傳單被捕後審判處死的歷史故事爲主題，並以蘇菲最後被送上斷頭台這驚悚的一幕作終結。由於這部電影描述二次大戰期間，大學校園內學生挺身反對納粹的行爲，與「我對青春無悔」電影中野毛因爲主張言論自由，被軍警迫害致死的情節類似，可以作爲本片的參考對照。

15

從教室培養出來的極權體制
——惡魔教室（*The Wave/ Die Welle*）

這裡有可能重現獨裁嗎？我們以爲我們都很特別，比其他更好，但很慘的是，我們排斥任何的反對者。

德國／德語
二〇〇八年出品

導演：丹尼斯．甘塞爾（Dennis Gansel）
編劇：丹尼斯．甘塞爾（Dennis Gansel）、彼得．索瓦（Peter Thorwarth）、朗．瓊斯（Ron Jones）
原著：莫頓．路（Morton Rhue）
來源：IMDB電影網站http://www.imdb.com/title/tt1063669/mediaviewer/rm799036672

人類文明是否全然理性？

自二次大戰結束後，西方社會對德國納粹罪行的研究與檢討，一直沒有停止過。同時，將對納粹形象的模仿與美化的各種行爲視爲禁忌，這樣的防堵，就是以此爲警惕，防止納粹此類法西斯思潮再起。但是，人類文明是否全然理性？納粹眞的不會重現？德國導演丹尼斯．甘塞爾（Dennis Gansel）於二〇〇八年推出的「惡魔教室」給我們一個很好的反省。

「惡魔教室」改編自莫頓．路（Morton Rhue爲其筆名，其本名爲陶德．史崔塞（Todd Strasser））的小說《浪潮》（*The Wave*），而故事原型來自於一九六七年美國加州一所高中歷史老師朗．瓊斯（Ron Jones）的社會運動實驗，這個實驗叫做The Third Wave（第三浪潮）。起因在於瓊斯發現他無法向學生解釋，爲何當時的德國人會忽視大屠殺，容忍法西斯主義在納粹壯大，接受其暴行。因此，他決定設計一週的課程，創造一個組織。這個組織有自己的敬禮手勢、口號，還有祕密警察，透過學生的實際操作，來呈現法西斯主義的運作。這個組織以消滅民主爲目的，因爲民主的缺點，就是過度強調個人主義。所以，這個運動的口號是「紀律就是力量、族群就是力量、行動就是力量、尊嚴就是力量」。最後的結果發現，人是很容易被誤導的，已陷入法西斯主義而不自知。課程進行四天之後，瓊斯發現這個運動的影響力開始擴散到教室之外，有更多的學生加入，並且開始狂熱支持，他感到此一實驗已經瀕臨失控，斷然決定終止所有活動。後來，他將這個實驗的觀察與心得，撰寫成論文發表。幾年後，莫頓．路進一步將此一事件撰寫成小說發表，引發各界關注。

瓊斯設計此一社會實驗的動機在於，他發現年輕學生對於歷史上發生的事不感興趣，也認爲納粹主義不可能再發生。因此，希望藉由眞的發展出一個運動來模仿納粹組織的情境，並且將法西斯主義的元素納入其中。這個實驗最特別之處，在於提供了一些線索讓我們了解，爲何原本理性自主的人們會對極權主義政治體制盲從。

納粹的崛起

一次世界大戰在一九一八年結束，戰敗的德國割地賠款，在歐洲淪爲二等國家。同時由於經濟衰敗，因爲戰爭結束而回到國內的軍人成爲失業人口。一九二三年，德國境內通貨膨脹嚴重到銀行必須印製五千億馬克的紙鈔，整個金融體系瀕臨崩潰。各政黨對於整個國家失序的情況，都束手無策，倒閣頻繁，十四年內（一九一九—一九三三）總共換了二十六次內閣。希特勒（Adolf Hitler）所組織的「國家社會黨」（納粹黨）在這樣的環境下開始出現，他承諾將創造就業機會，並以強調紀律、排斥猶太人、恢復德國過去光榮爲號召，吸引了許多人的參與，特別是戰後復原回國但是失業的年輕人。這些人穿著褐色卡其制服（原本是一次世界大戰前，德國在非洲殖民地公務人員所穿的制服），以舉辦閱兵、軍訓等方式表現出嚴明的紀律，逐漸發展成爲一個準軍事組織。

一開始納粹黨在國內選舉表現不佳，但是在一九三〇年之後，迅速發展成國內具有影響力的政黨之一。一九三二年十一月，納粹黨在國會選舉中得票率爲百分之三十三，但是希特勒運用手段，讓保羅・馮・興登堡（Paul von Hindenburg）總統邀請其組閣。兩個月後，德國國會發生縱火案，希特勒總理指責此事爲共產黨背後指使，依據緊急命令法將左派政黨全數查禁，之後立刻舉行國會大選，納粹黨獲得百分之四十三・九的選票，穩坐國會最大黨寶座。希特勒立刻在國會提出授權法（授權總理行使立法權），逼迫其他政黨同意，從此納粹黨獨攬大權，德國進入「第三帝國」（納粹）時期。

高中老師的極權教育實驗

雷納・威格（Reiner Wenger）是德國一所高中的水球隊教練，他同時也教授無政府課程。新學期起，學校開始了一系列以國家體制爲主題的課程計畫，學校計畫以一週的時間，讓學生了解民主的優點。威格認爲以他的專長，應該被分配教授無政府課程。不料，卻被其他老師捷足先登，他硬是被校長分配去教授獨裁課程。

電影的另一條線則是學校的戲劇社團，正在排演瑞士劇作家迪倫馬特（Friedrich Dürrenmatt）的作品。但是，卻因爲其中的演員不願照稿唸，擅自改稿，鬧得不可開交。導演管不了失控的角色，扮演女主角的卡蘿（Karo）在一氣之下罷演，一走了之。之後，卡蘿對著來接她的男朋友馬克（Marco）抱怨：「大家都爲所欲爲，就演不成了！」

馬克是學校水球隊選手，雖然教練常常強調要團隊合作，他卻常因個人情緒與個人英雄主義作祟，不願傳球給隊友席南（Sinan），失誤頻頻，搞得教練火冒三丈。

而學校計畫週就此展開。

週一

對獨裁課程不抱任何期待的威格縱然不情願，還是走進教室。但，出乎他意料的，竟有很多學生選他的課。他一開始就開宗明義地向學生們解釋獨裁的定義，即「統治者或統治者們握有無限制的權力，可以隨意改變法律。」他隨口問學生們，可以舉出什麼獨裁的例子嗎？學生們毫無反應。他再問一次，底下才幽幽傳來一句「第三帝國」（納粹德國），其他學生一聽，不禁皺起眉頭，一臉嫌惡。威格無可奈何回應：「這個主題不是我決定的，我們必須共度這週。」

這時，學生們開始不耐煩了。他們覺得學校安排的獨裁課程，眞是蠢到極點了！有的學生認爲，納粹超爛的，不值得再提；也有的認爲，納粹不可能再發生，而且也不可能永遠要感到罪惡。但也有學生認爲，這個課程很重要，而且德國也有新納粹出現，認識納粹的重點不是罪惡，而是歷史責任。大部分的學生都認爲，納粹不會再發生，他們要求威格更改課程。學生的這個觀點，引發了威格的興趣，他決定要展開一個實驗。

他望著教室裡的學生，都各自分成一個個小團體。每個團體的課桌椅就圍在一起，他要求重新排座位，將座位一排排、一列列，井然有序排好。再來，他要求學生模仿獨裁體制，選出一位領袖。他在學生的推選下，成爲團體領袖。在當選領袖後，他馬上要求學生以後要尊稱他爲威格先生，同時規定學生發言都要先獲得允許，再起立發言。他開始矯正學生的坐姿，要求學生腰椎挺直上課、集中精神，回答問題前要先想清楚，而且要簡潔扼要、切中要點。對於不願配合的學生，他則不假以辭色，要求其離開。接下來，他告訴大家專制體制的另一個特點，就是紀律，紀律就是力量！這些德國高中生，過去從沒如此被要求過，大家對威格的新實驗感到新鮮有趣，而威格自己也沾沾自喜。

在水球場上，馬克仍然放任自己的脾氣，毫無章法的投球。席南主動游向他，跟他說如果大家團結，一定會有好成績，而他願意將球傳給他，讓他得分。席南果然做球給馬克，讓馬克順利得分。

週二

威格一進教室，坐在課堂的學生齊口同聲的大喊：「早安，威格先生」，威格對同學的禮貌，感到有些驚喜。

他今天規劃的課程是要讓同學了解團結就是力量。他要求同學們學習踏步，直到步伐一致，透過統一的步伐，來體認團體的力量。他解釋爲何要重排座位，就是

雷納老師原始的目的只是想讓講解獨裁體制的課程變得有趣

來源：IMDB電影網站http://www.imdb.com/title/tt1063669/mediaviewer/rm176053504

要打破同學間的小圈圈，讓成績好的與成績差的混坐，大家互相幫忙，團結一致，才會更強大。而無政府只會要求大家成爲孤獨的勇者，但是大家各自爲政，會造成自相殘殺。爲了塑造團體團結形象，他要求大家穿白襯衫、牛仔褲，作爲團體制服。

週三

學生們果然都改穿白襯衫與牛仔褲上課，而卡蘿因爲覺得穿白襯衫不好看，選擇穿了件大紅T恤上課。一到班上，大家對她投以異樣的眼光，她彷佛成了班上的異類。有同學質問她，這決定不是大家都同意的嗎？這句話也是卡蘿過去兩天來，對其他不服從的同學的責難，只不過，今天換成她被大家指責。

其實，這個橋段安排得很有趣。在面對他人遭受政府的迫害時，大多人因爲事不關己，通常都漠不關心，甚至變成指責的加害者；但一旦事情落到自己的頭上時，才知道過去的冷漠，都是助長政府擴權的幫凶。

這時，有同學建議應該爲團體命名，同學們七嘴八舌，提了許多意見，而威格以表決的方式決定名稱，同學們紛紛舉手，表示意見，最後以馬克提議的「浪潮」（The Wave）得票數最多當選。卡蘿在威格的刻意忽略下，她手舉了半天才被點名，而她建議的「變革者」名稱，在班上也僅得到自己的一票，成爲最低票。這時，她才發覺她被班上孤立了。

除了爲團體命名，威格也要求同學爲團體設計標幟。因爲，有了團體，大家也要爲團體行動，每個人都要爲團體付出，「行動就是力量」。這時，有同學主動站出來，願意爲團體設計網站，也有同學表示，可在大家的鈕扣上印上團體的圖騰或是刺青等等。威格坐在講台上，看著同學的主動積極，嘴角不禁笑了開來。

而學校的戲劇排演，卡蘿仍然不願出席，同學們都不願等下去，紛紛離開，導演氣得把劇本重重一丟，大罵出口，他武斷的更換掉卡蘿，重新安排角色，這樣一來，反而讓大家乖乖聽話，照本宣科，使排練出奇的順利。

「浪潮」的力量，像是有魔力，它的影響漸漸超出教室，外擴到校園。學生們覺得這個組織有趣又酷，而且只要認同「浪潮」行動的人，都可成爲一分子。「浪潮」們主動印製標幟貼紙，在鎮上大肆張貼、噴漆，甚至爬上市政廳，將「浪潮」的標幟噴在外牆上。

班上同學中有一個角色值得注意，那就是提姆（Tim）。看得出來，這是一個內向、交不到朋友、情緒不穩定的「魯蛇」，他一直渴望獲得同儕認同、融入群體卻不可得。「浪潮」運動開始後，提姆似乎找到人生的努力目標，他不僅全力投入，協助設計網站，而且也因此交到朋友，整個人簡直脫胎換骨，但也從此走火入魔。

週四

有了團體標幟，同學爲了增加成員的識別，他們設計了敬禮手勢，就是右手在胸前畫了個波浪動作。

「浪潮」成爲校園的獨特團體，他們有共同的衣著，有共同的手勢，只要不是「浪潮」的成員都被排擠。卡蘿的弟弟也加入，還以「浪潮」爲由，欺壓其他同學。學校的其他老師，對威格的教法側目，尤其是與威格同在一間學校教書的女友，更不以爲然。但校長反而表示支持威格，要他繼續下去。因爲，有學生家長來電肯定威格讓他孩子的行爲有很大的改進。

但在校外，「浪潮」卻被視爲是「浪潮納粹黨」，被幫派挑釁，在鬥毆中，班上同學提姆掏出手槍，才將這些幫派分子嚇退。而提姆驚覺，他們的領袖威格老師生命可能遭受威脅，自作主張去威格家要當他的保鑣。威格要提姆趕快回家，但提姆卻表示，回到家，也沒有人在乎他。

而這時，卡蘿決定反擊。她蒐集「浪潮」排擠、迫害同學的證據，製作反「浪潮」傳單。當她晚上一個人孤孤單單在學校發著傳單，那種恐懼被發現捉到的緊繃感，彷彿是電影「帝國大審判」女主角發反納粹傳單的重現。不同的是，「帝國大審判」女主角最後上了斷頭台，而卡蘿只是虛驚一場。

失控的實驗

週五

一大早，威格發現報紙登著市政廳外牆上，被漆上大大的「浪潮」標幟的照片，斗大的標題印著「這是什麼？」而他一轉身，發現提姆整晚待他家屋外，說是在保護他。當他開車到學校，卻被人潑漆攻擊。在班上，同學們拿著卡蘿發的反「浪潮」傳單，要求馬克要好好處理卡蘿。

而學校的水球比賽，更把觀眾分爲穿著白襯衫的「浪潮」與非浪潮族群。「浪潮」爲同爲成員的馬克與席南加油，只要馬克隊得分，人數眾多的「浪潮」啦啦隊就大聲歡呼。在這樣分化下，激化了比賽的衝突性，選手的動作更激烈、更粗暴。席南被對手偷襲後，憤而將對方拖入水中，緊抓不放，而「浪潮」啦啦隊群情激憤，也與非浪潮的人大打出手，場上、場外鬧成一團。裁判立刻宣布，比賽取消。

賽後，馬克找卡蘿，希望她不要再反對「浪潮」。但卡蘿反而質疑馬克的轉變，她指責馬克在比賽中打架，在爭執中，馬克打了卡蘿一巴掌。這時，馬克才驚覺自己的行爲，已經不知不覺受到「浪潮」運動的支配，竟然爲了組織而失手打了女友。馬克立刻去找威格，要求威格一定要馬上停止「浪潮」。

經過這一連串事件，威格發覺「浪潮」效應已經超出控制，他發出簡訊召集「浪潮」所有成員，週六在學校禮堂開會。

週六

才經過一週不到，「浪潮」的成員已從一班的學生，擴張到將學校禮堂坐得滿滿的成員。而威格就像是偶像般，當他一走上講台，整個禮堂的學生都肅然起立，對他行致敬禮。這時，威格發表他認爲應該讓「浪潮」繼續下去。他開始了他的演說：「德國一直走下坡，我們是全球化的輸家。政客要我們相信，唯一的解決之道是努力工作，但政客是大企業的傀儡，他們說失業率下降，我們是成功的出口國家。但事實上，貧富差距越來越大，恐懼是目前唯一的威脅，這種恐懼是我們自食惡果，因爲我們允許世界存在不公……唯有團結，才能無所不能……」

這時，馬克再也按捺不住了！他起身反駁威格的言論，他指控威格的言論是要操控大家。威格要大家將馬克這個叛徒帶上來，在一陣掙扎中，馬克被同學扭送上台。威格問大家要如何處置叛徒，這時威格說，如果他要馬克死呢？把馬克吊死或是砍頭，還是凌虐他直到他遵守規定呢？此時，威格話鋒一轉：「這個就是專制體制！」

最後，威格向所有同學道歉。他認爲他的實驗玩過火了，他宣布計畫就此結束。「浪潮」的同學們感到萬分失望，但也只能紛紛散去。但是，提姆卻無法接受，他舉槍威脅大家不准離開，因爲「浪潮」一解散，他就失去了歸屬，最後在眾人面前飲彈自盡。

邊緣人提姆熱衷投入「浪潮」運動，最後卻以悲劇收場
來源：IMDB電影網站http://www.imdb.com/title/tt1063669/mediaviewer/rm444488960

排擠異己、缺乏包容，終將走向極權

導演甘塞爾在拍攝過程中，邀請了當年進行社會實驗的瓊斯擔任顧問。因此，片中許多細節都與當年的情況類似。主要不同之處在於，電影最後是以暴力悲劇作為結局（導演在此參考了二〇〇六年在德國所發生的校園槍擊事件）。那當年在加州高中的「浪潮」，最後結果如何？如前所述，當年在校園裡進行社會實驗的老師瓊斯在課程進行了四天之後，發現事態嚴重，決定終止活動。他在課堂上告訴同學們，「第三浪潮」運動已經在社會上祕密進行了一段時間，並且獲得大眾迴響，未來會成立政黨正式進軍政壇；第二天這個運動的總統候選人將進行全國電視演說，正式對外宣布競選總統。他要求所有學生都要出席。次日（課程第五日）當所有學生準時集合在禮堂，準備觀看實況轉播時，瓊斯現身，告訴眾人整個事件是他自己所設計出來的實驗，目的是了解法西斯主義是否有可能重現。接下來，他對學生播放了一段納粹政權的影片，作為課程的結束。

不過，本片讓人最驚訝的地方是浪潮運動的發展過程，與當年納粹在德國的興起，竟有如此多相似的地方！從威格老師一開始強調群體的力量，並且藉由建立紀律來展現實力，再藉著排擠少數不合群的人、建立自我認同的標誌、手勢，一步步地消滅個人意志，讓群體中的所有人都服膺於「領袖」的絕對領導。更可怕的是，「浪潮」運動的內容，竟然曾經眞實地發生在美國這個自由主義國度！

就如同歷史老師瓊斯的困惑一樣，不知如何向學生解釋爲何當時大部分的德國人對納粹的暴行，選擇視若無睹。再推薦一部傑出的電影「白色緞帶」（The White Ribbon），或許可以解釋部分原因。「白色緞帶」故事背景設定在一次世界大戰一個德國小農村。這個小農村表面祥和，但是私底下卻掩藏著亂倫、背叛、通姦、私刑與剝削等等各種罪刑。村莊很小，這些大人世界的種種醜聞，小孩們都看在眼裡，但大人們卻視若無睹。另一方面，村裡對小孩的教育又特別講求紀律，小孩的調皮小過，不問原由，就施以嚴厲體罰。小孩一方面處在錯亂僞善的環境，一方面又在嚴厲體罰的教育下成長，讓這些小孩日後成了二戰時納粹的菁英分子，也是當時大部分德國人的寫照。

除了「惡魔教室」，導演甘塞爾另一部批判納粹軍國主義，也是非常著名的電影是「英雄教育」（NAPOLA），該片描述納粹德國軍官養成的過程。當時的德國透過名叫NAPOLA的軍事寄宿學校，這個學校遍布全國，挑選來自全國各地的優秀青少年，訓練這些精挑細選的日耳曼少年，成爲日後爲黨國所用的軍官。因此教育只強調服從、榮譽與紀律，不容許個人的失敗與示弱。這部電影有別於過去電影慣以被害人的觀點，而是從德國自身角度，反思其在教育、官僚與社會體制的偏差，才造成納粹之禍，充滿自我反省意味。同時，本片在劇本、演員表演與拍攝品質的整體表現都非常優異，值得參考。

二〇一五年，德國有另一部喜劇片「吸特樂回來了」（德文：Er ist wieder da、英文：Look Who's Back）。劇情是當年自殺的希特勒不僅沒死，反而經由某種時光隧道來到二十一世紀。他一開始並不知道自己到了未來，仍然繼續以領袖之姿發號施令，周遭人則把他看成假扮希特勒的瘋子。在一位失意電視製作人的協助下，他開始到處在德國趴趴走，與人交談並發表時論，漸漸成了媒體名人，並以其極具煽動性的言論，贏得一堆粉絲支持。最後，電視製作人發現他竟是眞的希特勒，卻已經來不及了。電影最後出現近日德國人抗議新移民的新聞片段，他們高聲主張趕走新移民，對現任總理梅克爾（Angela Merkel）的包容政策大表不滿。希特勒看著車窗外激動的群衆，冷冷地說：「等著看我大顯身手！」因爲「你們每個人心中都有一個希特勒」。這部喜劇片看似荒誕不經，但對照當前時局發展（美國人選出川普當總統），還眞的讓人擔心。

16

政治哲學家眼中的納粹之惡
——漢娜鄂蘭：真理無懼（*Hannah Arendt*）

這種思考的無能，導致許多平庸犯下巨大的惡行，那是人類前所未見的邪惡。

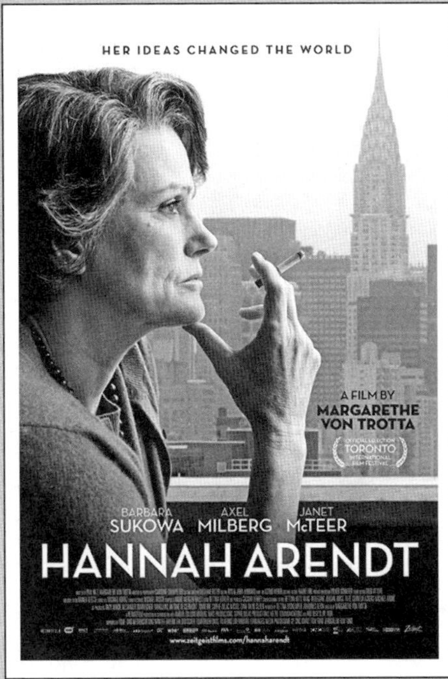

德國、法國、盧森堡／德語、英語、法語、拉丁語、希伯來語
二〇一二年出品
導演：瑪格麗特・馮・卓塔(Margarethe von Trotta)
編劇：瑪格麗特・馮・卓塔(Margarethe von Trotta)、潘・凱茲（Pam Katz）
來源：IMDB電影網站http://www.imdb.com/title/tt1674773/mediaviewer/rm2731122944

二次世界大戰期間，高達六百萬猶太人遭到納粹政權拘禁後集體屠殺，是人類歷史上最慘無人道的邪惡罪行。二十世紀原本是人類科技、思想，及政治社會制度高度發展且進步的時代，但卻在「高度文明」的歐洲境內發生如此種族滅絕的罪行，實在讓人匪夷所思。

人類歷史上最大的罪惡

對一般具有正常思維、理性的人而言，動手殺人本來就是一種極度的暴力展現，是不可想像的事情。但是，當時在納粹德國及其占領區內，這種集體處決人類的行徑不僅規模龐大，而且極有效率。如果沒有一群喪心病狂的人來共同執行，根本不可能會成功。這個集體殺人的共犯結構如何形成？人類爲何會違背良知、犯下如此恐怖的罪行？在二次世界大戰後，許多學者、思想家一直嘗試對此尋求解答。曾經差點遭到納粹迫害，但幸運逃到美國而逃過死劫的猶太裔政治理論家漢娜鄂蘭（Hannah Arendt），正是以此作爲研究主題的知名學者。

本片「漢娜鄂蘭：眞理無懼」（Hannah Arendt），就如片名所揭示，是漢娜鄂蘭的傳記電影。但是，它並不是講述漢娜鄂蘭一生的故事，它僅是針對漢娜鄂蘭對於納粹劊子手

「阿道夫・艾希曼」（Adolf Eichmann，一九〇六年三月十九日至一九六二年五月三十一日），在耶路撒冷受審時對他做出的評論——「邪惡的平庸」（The Banality of Evil）。電影將漢娜鄂蘭當時如何看待紐倫堡（Nuremberg）大審，如何面對自己猶太族人的責難與爲自己辯駁，詮釋得絲絲入扣，不慍不火。它雖然沒有激烈火爆的場景，但是電影透過對話、倒敘等等方式，慢慢讓觀衆了解漢娜鄂蘭的經歷，以及如何造就她如此卓越不凡的思想體系，論述說理清楚明白。雖然主題嚴肅，但卻是了解漢娜鄂蘭及其思想的最佳入門磚。

極權主義造成的罪惡

漢娜鄂蘭是美籍猶太裔的政治理論家與哲學家。她出生於德國，後因納粹的迫害，流亡美國。在美國十年後，她根據對德國納粹主義與蘇聯史達林共產主義政權的觀察，寫出《極權主義的起源》（*The Origins of Totalitarianism*）一書。此書被公認爲是二十世紀最重要的極權主義政治理論的開山巨著之一，而漢娜鄂蘭也因此書在當時揚名立萬，成爲備受推崇的政治學者與哲學家。

漢娜鄂蘭認爲：極權主義（Totalitarianism）是人類歷史上前所未有的統治形式。它讓統治者將意識形態：例如，納粹的「人種淨化」與蘇聯的「無階級社會」，無限上綱到高於人權與法律，從而對人民生活全面的掌控。以「種族鬥爭」或是「階級鬥爭」爲名，將人區分成「理應消滅的人種或階級」，以「集中營」或「勞改營」大規模屠殺或凌虐人民。當代政治學理論將極權主義視爲一種比「政治威權主義」（Political Authoritarianism）更爲極端的一種統治形式，後者只是統治者壟斷政治權力，利用軍警特打擊反對勢力，扼殺言論自由，以暴力手段維持統治權，民主化前的台灣、南韓，以及世界各地至今仍存在的軍人獨裁政權，大多屬於此一形式。但極權主義是更進一步地讓統治者對人民的生活、思想進行全面的掌控，將其信奉的意識形態灌輸到所有人民身上，使其對於統治者完全信服。當然，要有效實施極權統治，也必須有國家機器與軍警特系統全力配合。在人類歷史上能稱得上極權主義的案例，大概只有納粹德國、墨索里尼統治下的義大利、蘇聯史達林統治時期、毛澤東時代的中國，以及今日的北韓。

在電影裡，導演處理漢娜鄂蘭的出場，彷彿就是爲漢娜鄂蘭這一生下了個註腳——踽踽獨行在不爲世人了解的道路上，她卻從容自若，一派淡然。漢娜鄂蘭第一個鏡頭，就是她一個人站在暗無燈光的客廳中，燃起口中的香煙，緩緩、悠然地將整個人陷入沙發中，她對著天花板一口一口地抽著煙，若有所思，只有黑暗包圍著她，將外界的紛擾隔絕於外。

納粹罪犯阿道夫・艾希曼

這整個故事緣起於漢娜鄂蘭看到電視報導納粹劊子手「阿道夫・艾希曼」，在阿根廷被捕送回以色列的耶路撒冷審判，這則新聞引起漢娜鄂蘭的興趣。因為，她自一九三三年離開德國後，不但錯失了紐倫堡大審，也從沒親眼看過納粹，她遂向美國著名雜誌《紐約客》（*The New Yorker*）自動請纓，願意為他們撰寫採訪報導。《紐約客》主編一收到漢娜鄂蘭的信，大喜過望，這樣名重一時的大學者願意幫他們採訪寫文章，實在是個榮耀。畢竟，這是《極權主義的起源》的作者啊！但是，也有其他的編輯嗤之以鼻，她警告大家像這樣的「哲學家」是沒有截稿期限的啊！

德國投降之後，盟軍在當年納粹崛起的紐倫堡，將逮捕到的二十二名納粹軍政高官送上軍事法庭審判，此即為著名的紐倫堡大審。後來，在一九四六年到一九四九年間進一步將納粹時期的法官、醫生、軍官、政府官員也送上法庭審判，是為第二階段紐倫堡審判。一九六一年的美國電影「紐倫堡大審判」（Judgment at Nuremberg）講的就是這段故事。此片當時被提名十一項奧斯卡金像獎，最後獲得最佳演員與最佳劇本，也是一部了解美國如何處理納粹戰犯的經典法庭電影。

不過，當年執行猶太人大屠殺的關鍵人物之一阿道夫・艾希曼，卻沒有出現在這些戰後的審判中。因為，他在戰爭結束後，從此消失無蹤。以色列情報局莫薩德（The Mossad）查出他其實一直躲在阿根廷，於是在一九六〇年派員到阿根廷，將其綁架回以色列受審。本片一開始的綁架片段，說的就是這段史實。此一事件，當時是全世界矚目的大新聞，一方面是因為逮捕艾希曼的方式相當於綁架，此事引發了阿根廷與以色列之間的外交糾紛。在電影中，漢娜鄂蘭的一些學者朋友們還針對以色列行動的正當性與否，有一番激烈的辯論。另一方面，之前紐倫堡審判主要都是針對納粹德國軍政高官，並沒有對下令執行屠殺六百萬猶太人的決策者進行過公審。艾希曼號稱「納粹劊子手」，負責執行屠殺猶太人的「最終解決方案」。當時將猶太人移送集中營的運輸與屠殺作業，大部分都是艾希曼負責。

何謂「最終解決方案」？這是納粹德國針對如何處理猶太人所創造出來的詞彙。主要是在二戰期間，隨著德國在全歐洲範圍的擴張，大規模地搜捕猶太人，並將其悉數關進集中營。但隨著戰事的進行，管理猶太人逐漸變成棘手的問題。一九四二年一月，來自不同部門的納粹官員在柏林附近的萬湖（Wannsee），召開了一場討論如何解決猶太人問題的會議，最後做出大規模屠殺的決定。艾希曼在納粹德國的主要職位是「猶太事務負責人」，因此這場會議既是由他召集，最後的決議（對猶太人執行種族滅絕）也是由他執行。二〇〇一年，英國BBC與美國HBO曾經聯合拍攝了一部電影「陰謀」（Conspiracy，台灣引進後將其翻譯成「納粹大屠殺」），內容就是萬湖會議開會的過程。片中幾位納粹官員在美酒美食相伴下，輕鬆談論該如何有效處置猶太人，最後一致通過「最終解決方案」。本片完全沒有任何一點殺戮的鏡頭，所有劇情都集中在描述會議上，各個納粹魔頭以非常「理性」的方式，討論如何有效地「解決猶太問題」，與過去各種描述猶太人大屠殺的電影完全不同，卻令人印象深刻。

得到《紐約客》的大力支持，漢娜鄂蘭不顧丈夫海因里希・布呂赫（Heinrich Blücher）的反對，興致勃勃地前往以色列。但看了艾希曼的審判，反讓漢娜鄂蘭陷入疑惑。當她的以色列好友以「野獸」形容艾希曼，問她觀審後的感覺時，漢娜鄂蘭直率的回答：「他和我想得不一樣！」她發現，艾希曼一點都不恐怖，給她的感

1961年艾希曼在以色列受審的歷史照片
來源：維基百科共享資源https://commons.wikimedia.org/wiki/File: Eichman_Trial1961.jpg
原始出處：National Photo Collection of Israel, Photography dept. Government Press Office, Israel

覺，就是一個言語貧乏、愛打官腔的小人物。當友人用《浮士德》（*Faust*）的惡魔梅菲斯托（Mephisto）形容艾希曼時，漢娜鄂蘭斬釘截鐵的反駁：「艾希曼才不是梅菲斯托！」

電影這裡用當時以色列審判艾希曼的黑白紀錄片，與漢娜鄂蘭聆聽審判的畫面交錯處理。雖然是黑白彩色交替，但卻也沒有什麼不協調，反而因爲直接看到歷史上眞實的艾希曼本人的影像，心裡還有一些震撼。導演的這種處理方式，應是希望觀衆也能從當時漢娜鄂蘭的觀審角度來體會她的感受。

與在紐倫堡大審的氣氛不同，艾希曼在以色列本土受審，許多受害者紛紛指控他的罪行，整個國家的人民恨不得將他除之而後快，以色列政府甚至將他放在防彈玻璃罩後受審。漢娜鄂蘭聽了幾場審判下來，覺得非常失望。她在越洋電話中跟她的先生海因里希抱怨，整個審判內容與艾希曼個人行爲無關，但海因里希直接點明：「這場審判的重點便是歷史，而非個人作爲。」

制度造成的官僚殺人——「邪惡的平庸」

在審判的過程中，艾希曼不斷強調：「我是奉命行事，必須服從命令……我接受命令，不論是否殺人，都必須執行命令，遵守程序依法執行，我沒有殺猶太人，我只是負責其中一小部分……」當法官詢問艾希曼假如希特勒說你父親是叛徒時，你會親手射殺他？艾希曼不假思索的回道：「如果他是叛徒的話，會！」法官再進一步追問：「如果這只是你的元首的假設呢？這樣，你還會射殺你的父親嗎？」艾希曼回答：「假如是他已經證明，我就得遵守我對元首的誓言。」法官再追問：「那麼有何證據顯示，猶太人該死？你可曾在職責與良心間動搖過？」艾希曼仍大言不慚道：「你可以說，那是種分裂狀態，有意識的分裂狀態……」法官：「做人的良心，就這樣被拋棄？」艾希曼：「可以這麼說！」

聆聽了艾希曼的幾段審問，讓漢娜有了新的領悟。但是，她的理解卻不被以色列的朋友所接受，在一場餐敘中，他們有一段非常有趣的辯論。

友人A：「艾希曼不反猶？胡說八道？」

漢娜鄂蘭：「他只是依法行事，他恪遵所有法律。」

友人B：「所有入黨的人……都是反猶的中堅分子。」

漢娜鄂蘭：「他發誓他沒有親手殺過任何猶太人，那不是很有意思嗎？他奉行殺人組織的所有指令，他甚至很樂於鉅細靡遺的分享他的工作細節，這樣的人卻堅稱自己對猶太人沒有任何怨恨……」

友人C：「他在說謊！」

漢娜鄂蘭：「不對，他沒有說謊！」

友人C：「他難道不知道火車要開往何處？」

漢娜鄂蘭：「知不知道，對他來說不重要！他將人送上死路，卻不覺得自己有責任，火車發動，他便任務達成。」

友人A：「這樣，他就能說自己沒罪？即便他送去的人慘遭殺害？」

漢娜鄂蘭：「對，那是他的看法！他是官僚。」

友人A：「你追尋眞相令人欽佩，但這次過頭了。」

漢娜鄂蘭：「他所作所爲的邪惡，與他本人的平庸，相去甚遠！」

這段對話，也是漢娜鄂蘭之後所亟欲尋求的解答——在艾希曼令人驚訝的平庸所造成驚人的惡行中找到關聯！

排山倒海的批評與攻擊

審判結束後，漢娜鄂蘭將所有的審判資料帶回美國整理，開始進行文章的撰寫。但是審判資料龐雜，數千頁的文件千頭萬緒，剛開始著實讓她不知如何下筆。加上丈夫海因里希突然中風，讓漢娜鄂蘭的寫作停頓了下來。漢娜的停頓，讓《紐約客》雜誌跳腳，甚至被譏諷連托爾斯泰的《戰爭與和平》也比她還快。經過不斷的催促，她終於將文章完成送交《紐約客》。但是，漢娜鄂蘭的文章卻變成《紐約客》的燙手山芋。因爲她寫的艾希曼「根本不邪惡，只是不會思考！」論點，根本就違反當時的政治正確，也一定會激怒所有在美國的猶太人。但是，《紐約客》的主編威廉・尚恩（William Shawn）覺得這是創見，力排眾議，決定將漢娜鄂蘭的報導，分成五大章分期刊出，並且集結成冊出書。

在記錄艾希曼大審的主題之外，本片也處理了漢娜鄂蘭的感情問題，特別是她和老師馬丁・海德格（Martin Heidegger）之間的關係。海德格是二十世紀最著名的哲學家之一，以其對「存在」的詮釋而廣爲人知，並且對現象學、解構主義、詮釋學、後現代主義都具有舉足輕重的影響。漢娜鄂蘭在一九二四年進入馬爾堡大學（University of Marburg）就讀時成爲海德格的學生，一位是聰明且充滿學習熱誠的年輕學生，一位是哲學界的新興巨星，兩人很快就墜入情網。後來，海德格轉往佛萊堡大學任教，加入納粹黨並配合納粹進行政治宣傳，直到二戰結束爲止。漢娜鄂蘭一直沒有公開批評海德格的親納粹行爲，並因此飽受外界批評。本片中有一段戰後兩人重逢的橋段，漢娜對自己過去的恩師兼情人海德格表現出非常失望，甚至嫌惡的態度。但實際上，兩人一直保持聯繫直到海德格一九七六年逝世爲止。

除了對艾希曼個人的評論，在漢娜鄂蘭的報導中，有一小部分是對於納粹時期的猶太領袖的批評。她認爲，有些猶太領袖在猶太人遭迫害的過程中所扮演的角色（應是指跟波蘭與德國納粹合作，將一些猶太社會的邊緣弱勢族群出賣，才會導致這樣大規模的屠殺），無疑是整個故事最黑暗的章節。當時，《紐約客》的主編尚恩很委婉的勸說，是否應將這些文字稍做修改，因爲可以預見的，這將會造成巨大爭議。但是，漢娜鄂蘭認爲這是事實，無須修改，尚恩也只能苦笑接受。

從這一小段敘述中，我們可看到《紐約客》雜誌尊重言論自由的氣度，也看到漢娜鄂蘭知識分子的風範。

如同預料的，漢娜鄂蘭的文章，引發了空前的責難。各種難堪的指責，排山倒海而來，炮聲隆隆，不但《紐約客》被罵慘了，漢娜鄂蘭也遭到各式各樣的騷擾，抗議電話不斷，咒罵的信函如雪片般飛來，輿論對她大加撻伐，學術界、文化界也對她不諒解，甚至以色列情報局威脅漢娜鄂蘭不要出書，他們認爲她是在爲艾希曼辯解，詆毀猶太人。面對這些責難，漢娜認爲僅是杯水風波，因爲她認爲外界的批判，與她所寫根本是兩回事，她拒絕跟那些蠢蛋辯論。

在電影最後，漢娜鄂蘭在課堂上對著她的學生闡述她的觀點，這也是本片的精華：

「……艾希曼這樣的納粹戰犯有個問題，他堅持棄絕所有個人特質……他一再嚴正聲明，他從未主動做過任何事，也無任何個人意圖，不論是好是壞，他只是遵守命令罷了。這是典型的納粹式抗辯，讓我們清楚看見，無名小卒犯下世上至惡，行惡的人沒有動機，也無信念，也非心懷惡意，也不是有心爲惡，他們只是拒絕當人，此現象我稱之爲『邪惡的平庸性』……我筆下並未替艾希曼辯護，但我試圖在他令人驚訝的平庸，與他驚人的惡行中找到關聯，試圖了解並不等於原諒，了解眞相是我的職責，敢論述這件事的人就要敢當。」

「自蘇格拉底與柏拉圖以來，我們通常將思考這件事，視爲自己與自我的沉默對話。艾希曼拒絕爲人，便放棄了生而爲人的決定性特質——即思考的能力。結果，他再也無法進行道德判斷，這種思考的無能，導致許多平凡犯下巨大的惡行，那是人類前所未見的邪惡。我的確以哲學角度思考這些問題，思考的表現並非知識，而是辨別是非美醜的能力，我希望思考能賦予人們能力，在緊要關頭避免慘劇發生。」

在漢娜鄂蘭剴切陳詞後，學生報以如雷的掌聲。但她還是被學術界排擠，學校拒絕她的排課，大學同僚拒絕與她同桌用餐。當她的朋友問她，如果妳知道有今天這個局面，還會報導這場審判嗎？漢娜鄂蘭想了一下，說：「會，我還是會寫出來。」

在電影的最後一個鏡頭，仍是漢娜鄂蘭一人獨自躺在長沙發上，吞雲吐霧，思索著……

本片的主軸是漢娜鄂蘭報導艾希曼大審所招來的非議，但是貫穿整部電影的，是一幕又一幕漢娜鄂蘭一個人抽煙沉思的鏡頭。不論是坐在窗邊或是在林間小徑散步、躺在沙發上，還是一個

德國女演員芭芭拉・蘇科瓦（Barbara Sukowa）飾演本片主角漢娜鄂蘭
來源：IMDB電影網站http://www.imdb.com/title/tt1674773/mediaviewer/rm1780852480

人叼著煙振筆疾書，很多時候，她就這樣一個人思考，甚至是面對外界巨大的非難，她還是這樣從容自若。明知道自己的主張是在對抗整個主流思潮，但是她還是言所當言，不隨波逐流，也因爲她的勇氣，留給政治思想界令人醒思的創見，留給後人反省的殷鑑。對照漢娜鄂蘭的勇氣，敢以個人對抗整個世界，艾希曼這類納粹官僚們，卻因視而不見、見而不思，才導致整個歐洲淪陷，以及人類大浩劫。

由於漢娜鄂蘭的主題，使得本片也精心描寫了對於戰後居住美國的歐洲知識分子的生活方式（在菸酒中辯論哲學政治問題），以及當時美國大學課堂上課情境（學生正襟危坐聆聽教授傳道），從今天的角度來看頗爲新鮮，也可看出時代的巨大變化。如今的學術界，大部分都汲汲營營地追求量化學術指標，而老師爲

本片呈現出戰後居住美國的歐洲知識分子之生活與思維方式
來源：IMDB電影網站http://www.imdb.com/title/tt1674773/mediaviewer/rm1831184128

了吸引學生學習，也只能利用網路電子媒體編出各種新鮮花樣。要重現片中這種精彩的沙龍式辯論以及大師授課風采，幾乎是不可能了。

以色列審判艾希曼是當時轟動世界的大新聞，但因爲本片主題是漢娜鄂蘭，所以對於情報單位莫薩德如何知道艾希曼躲藏在阿根廷，如何將其綁架回耶路撒冷，並無太多著墨。但二〇一五年德國所出品的另一部電影「大審判家」（The People vs. Fritz Bauer）正好就是講這個主題。原來，一九六〇年西德檢察長弗里茲・鮑爾（Fritz Bauer）獲得密報，得知艾希曼就藏在阿根廷。他努力遊說政府同意將其引渡回德國接受審判，但政界態度非常消極，或許是因爲當時西德政府許多高階官員，過去都曾經爲納粹政權服務，深怕艾希曼回國受審會抖出更多祕密。後來，鮑爾祕密將艾希曼躲藏地點的消息告知以色列政府，讓後者得以成功將艾希曼逮捕歸案。這件事讓當年的鮑爾飽受各界責難（認爲這等於叛國），這部電影頗有爲其平反的味道。

17

從賽局理論看決策者如何鬥智——間諜橋（*Bridge of Spies*）

我們得擺脫這種互不信任的惡性循環，兩國政府若做出錯誤決定，將釀成大禍！我們要進行政府間不能進行的對話。

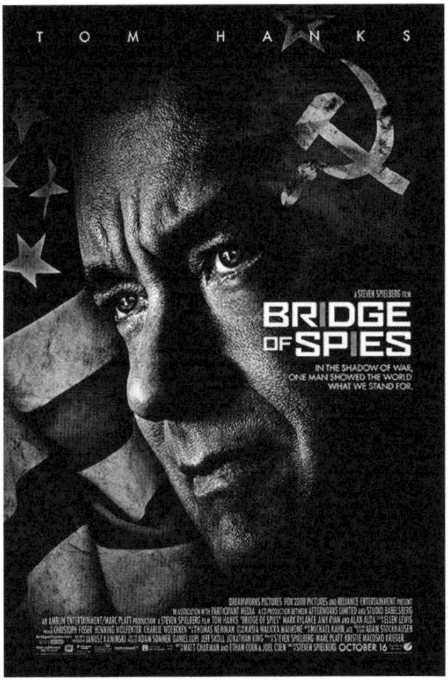

美國／英語
二〇一五年出品

導演：史蒂芬・史匹柏（Steven Spielberg）
編劇：麥特・查曼（Matt Charman）、伊森・柯恩（Ethan Coen）、喬爾・柯恩（Joel Coen）
來源：IMDB電影網站http://www.imdb.com/title/tt3682448/mediaviewer/rm3669030144

「間諜橋」改編自冷戰時期一樁美蘇兩國協議換俘的眞實歷史事件。故事發生在一九六〇年代美國U-2間諜機被蘇聯擊落，飛行員弗朗西斯・加里・鮑爾（Francis Gary Powers）被俘。爲營救鮑爾，美國政府有意以之前捉到的蘇聯間諜魯道夫・阿貝爾（Rudolf Abel）作爲交換。但由於冷戰期間，美蘇彼此的猜忌與不信任，美國遂委託民間律師詹姆士・B・唐納文（James B. Donovan）代表政府前往東德與蘇聯談判。但在談判過程中，發生了東德逮捕了美國大學生普萊爾（Frederic Pryor），又亟欲在美蘇兩國間參一腳，來突顯自己的角色，更增添談判的變數。影片內容主要敘述的是唐納文這樣的一個民間律師，如何透過其高超的談判技巧，成功換俘的故事。這個故事本身極具戲劇性，加上電影的編、導、演都是好來塢的超級名牌，一時之選，所以這齣電影要不成功也難。

美蘇兩國交手，機鋒處處

「間諜橋」導演是好萊塢最具代表性的導演史蒂芬・史匹柏。他對於高成本的大製作，即好萊塢所謂的Blockbuster 類型的電影，完全駕馭有餘，而且通常叫好又叫座。他也可說是影史以來，最具創造力與想像力的導演之一。筆者這輩子觀看科幻驚悚電影衆多，但印象最深刻與眞正被驚嚇到的電影，都是出自史蒂芬・史匹柏的手筆——一九七五年的

「大白鯊」（Jaws）與一九九三年的「侏儸紀公園」（Jurassic Park）。「大白鯊」是史匹柏的成名作，它最成功的是恐怖氣氛的營造，尤其是大白鯊逼近時，那個步步進逼的配樂，讓人寒毛直豎，堪稱經典。十八年後，史匹柏再推出「侏儸紀公園」，這是首部大量使用電腦繪圖的巨作，是電影製作的里程碑。由於迅猛龍與霸王龍獵殺的場面過於眞實與血腥，縱然觀看當時筆者已經成年，但晚上還眞的會做惡夢。除了這類型的驚悚片，他在一九八二年推出的科幻片「E.T.」，則是充滿童趣與溫馨，這齣電影不但票房極爲成功，同樣也是劃時代的經典。

史匹柏可說是位全方位的導演，除了上述的科幻電影，他的冒險電影印第安那瓊斯系列，也極爲成功。除了這些大製作的娛樂電影，一些小成本、題材嚴肅的劇情片，如「紫色姐妹花」（The Color Purple）、「慕尼黑」（Munich）、「林肯傳」（Lincoln），這種著重角色內心轉折或是歷史考據的電影，他也都拍得引人入勝。而「間諜橋」的敘事方式，則與他以往作品不同，反而是採老派的古典風格。扎實的編劇、精準的演技與成熟的運鏡，讓這樣一個嚴肅的歷史題材，劇情的推展也可以有如行雲流水。這種硬漢、諜報類的劇情，也因爲對白常在不經意間流露出美式幽默，而變得輕鬆不凝重。

除了導演，「間諜橋」的編劇柯恩兄弟本身也是極爲成功的編劇與導演。柯恩兄弟是指哥哥喬爾・柯恩（Joel Coen）與弟弟伊森・柯恩（Ethan Coen）兩人，兩人的作品如「撫養亞利桑那」（Raising Arizona）、「巴頓芬克」（Barton Fink）、「冰血暴」（Fargo）與「正經好人」（A Serious Man）……等，都是深刻而且獲獎無數的佳片。這些電影都有一個共通點，就是對命運與人性帶有不按牌理出牌的荒謬感。柯恩兄弟的電影通常是自編自導，有其獨特風格，與史匹柏的氣質南轅北轍。「間諜橋」是柯恩兄弟少數純編劇的電影，因爲是史匹柏的手筆，所以迥異於柯恩兄弟過去的風格。不過從電影中人物洗鍊、充滿機鋒的對白，也顯露出柯恩兄弟貫有的機靈與嘲諷的影子。

除了名牌導演與編劇，劇中的靈魂人物還有號稱Mr. EVERYTHING的湯姆・漢克。這位演什麼像什麼的偉大演員，將一個巧舌如簧的平民律師，如何憑著自己高超的談判技巧化解危機，演得活靈活現。湯姆・漢克的完美詮釋，將美國電影中最愛標榜的愛國與英雄主義精神發揮得淋漓盡致。不過，這部電影最大的一個亮點，就是飾演蘇聯間諜的演員馬克・勞倫斯（Mark Rylance）。他顛覆過去間諜總是冒險犯難的英雄形象，塑造出另一種謹小慎微、平民化的間諜類型，馬克・勞倫斯以他精湛的演技，將這種間諜神祕、低調又難以捉摸的平凡特質，詮釋得入木三分。

冷戰時期的美蘇間諜活動

電影背景設定於一九五七至一九六一年間，時值美國與蘇聯核武發展與對峙的冷戰高峰時期，也是彼此間諜活動最活躍與追捕最嚴厲的時期。我們在電影中可以看到，冷戰所製造出的肅殺氣氛，以及美國大眾對蘇聯的仇恨與核戰的恐懼。不過，這部電影最有意思的地方，是描述了兩個彼此敵對的政權，如何進行接觸與談判，而這正是賽局理論（Game Theory）所研究的主要內容。

電影一開始，就做了一個很精巧的安排。魯道夫．阿貝爾，這個長相不起眼、行動遲緩的小老頭，對著鏡子中的自己，畫自己的肖像。這一幕設計得頗

英國演員馬克．勞倫斯因飾演阿貝爾一角而獲得2016年奧斯卡最佳男配角獎
來源：IMDB電影網站http://www.imdb.com/title/tt3682448/mediaviewer/rm2146769408

有意思，鏡頭裡有眞實的阿貝爾、有鏡子中的阿貝爾，也有畫中的阿貝爾，象徵著阿貝爾這個長期臥底在美國的蘇聯間諜身分的多面相。

阿貝爾一人獨居在紐約，常常一個人帶著畫箱在橋邊作畫，不過這是他用來交換情報的手法之一。但是，再怎麼小心謹慎，他還是被美國聯邦調查局盯上，最後還是以在美國從事情報活動被逮捕。

美國政府爲彰顯其司法的公正性，決定讓阿貝爾公開受審，但阿貝爾不認識任何律師，也沒有一個律師願意爲他辯護。美國律師委員會全體投票通過，推薦唐納文擔任阿貝爾的辯護律師。但顯然的，美國的司法也不是眞的要給阿貝爾一個公平的審判，因爲他們挑選的唐納文，只是一個保險律師，不精於刑法，司法審判不過只是一個過場而已。聰明的唐納文當然知道，政府要他接這個案子的原意，就是要他輸。在當時冷戰氣氛下，人人仇共，唐納文爲蘇聯間諜辯護，一定會被千夫所指。但是形勢比人強，唐納文根本沒有拒絕的餘地，他只有硬著頭皮接下這個燙手山芋。

家人果然對唐納文爲賣國賊辯護的事感到不滿，但是唐納文跟家人解釋，阿貝爾不是賣國賊，因爲阿貝爾不是美國人。如果要說賣國賊，眞正的賣國賊是羅森堡（Rosenberg）夫婦（將原子彈機密交給蘇聯的美國人，最後被處以死刑）。但是家人還是聽不進去，他們認為唐納文為賣國賊辯護的舉動，將讓他們抬不起頭來，妻子還譏諷唐納文：「現在阿貝爾是全國最不受歡迎的人，而你還想成為第二名！」

這段唐納文與家人對賣國賊的爭論，非常有趣。很顯然，唐納文的家人對賣國賊的認知並不清楚。這讓筆者想起二戰時，滿洲國影星李香蘭拍攝大量頌揚日本軍國主義與大東亞共榮圈的電影，戰爭結束後，日本投降，李香蘭馬上被控為漢奸，被中華民國政府逮捕。李香蘭為了自救，透過許多途徑與管道取得自己是日本人的證明文件，才被釋放。回到日本後的李香蘭改回原名山口淑子，活躍於日本演藝圈，之後還當選日本參議員，擔任內閣閣員。

就如蘇聯在美國境內的間諜行動，美國也是無所不用其極的對蘇聯進行各種情蒐。此時的美國中情局計畫對蘇聯展開大規模的資訊蒐集行動，他們召募一批最優秀的飛行員駕駛U-2偵察機在蘇聯領空進行空拍，這項行動極為機密，一旦飛機被發現，美國政府將完全否認有這項任務，而且這些飛行員也被暗示，寧願飛機自毀也不能被捕。

唐納文接了政府這個委託，但他發現這個審判只是一個形式，美國政府與法院根本無意公平審判阿貝爾這個案子。當唐納文要求法官給他更多的時間準備，法官卻對唐納文嗤之以鼻。他認爲，唐納文對這個案子太過認眞了，他直接對唐納文挑明，別再自欺欺人了，阿貝爾的罪刑已經很明顯，不要爲阿貝爾再浪費任何時間。

爲了了解阿貝爾到底掌握多少情報，中情局幹員霍夫曼（Hoffman）接近唐納文，要求他吐露阿貝爾的案情。但唐納文以他不能違反對客户的保密條款而拒絕透露。霍夫曼以「國家安全」爲由，試圖威脅唐納文。

下面的對話，幽默又經典，同時也完全展現了美國最引以爲傲的美國主義精神。

霍夫曼：「我要跟你談的是『國家安全』，要是我的說法讓你不高興，我很抱歉！但我們需要阿貝爾告訴你什麼。你懂嗎？別一副童子軍的樣子，這件事沒有規則可言！」

唐納文：「你是霍夫曼探員嗎？」

霍夫曼：「是。」

唐納文：「德國血統？」

霍夫曼：「對，所以呢？」

唐納文：「我是唐納文，愛爾蘭裔。我是愛爾蘭裔，你是德裔。但讓我們成爲美國人的是什麼？就一個東西，就是規則，我們稱做憲法。我們遵守規則，才成爲美國人。因爲這樣，我們才成爲美國人。所以，不要告訴我沒有規則！」

在電影中，唐納文爲阿貝爾是否應享有與美國人一樣的公民權益，也有非常精彩的論戰，但因爲非本次主題，因此不再做贅述。但是唐納文爲阿貝爾權益所請求的事項，全部被法官以「司法部首要效忠的對象是美國」爲由，全部駁回。

冷戰時期，美國政府不斷以原子彈威脅，對人民進行鋪天蓋地的愛國與恐共教育。因此，唐納文的孩子就質疑爲何父親要幫一個共產黨人辯護，讓他們受到周遭鄰居朋友的異樣眼光。而這個場景，就有如「梅岡城故事」電影中小女孩，不諒解父親爲黑人辯護，讓她受到歧視一樣。這也是美國電影可貴之處，縱然時代價值不斷推移，但是對維護人權的普世價值，總會有深刻不朽的作品出現。

阿貝爾的最後審判日終於來臨，毫無意外地，陪審團對阿貝爾被指控的十多條罪行全部判有罪。但唐納文還是不願放棄，他認爲阿貝爾只是爲自己的國家效忠罷了，罪不致死。唐納文是非常聰明的律師，這次他改變過去以人權的角度看這個案子，他改以美國利益出發，來跟法官莫提（Mortimer W. Byers）談判。唐納文提出一個很有創意的觀點，他認爲留著阿貝爾一條命，也許未來，會有美國軍人，被蘇聯俘虜，而阿貝爾的這條命可以作爲交換。莫提法官直斥這不太可能，但唐納文以他多年從事保險律師的經驗遊說，他說任何事都有可能性，人們買保險就是爲了這個可能性。假如判了阿貝爾死刑，就會讓美國失去最後的屏障，未來無法應付暴風雨來臨的那一天。唐納文的遊說果眞影響了法官，阿貝爾被判監禁三十年而逃過一死。

唐納文的預測，後來果然成眞。美國U-2偵察機在一次的任務中，被蘇聯擊落，飛行員鮑爾沒有依命令自殺，他被蘇聯俘虜了。一日，唐納文收到東德的來信，發信人自稱是阿貝爾的妻子，但經過判讀，該信顯然不是阿貝爾太太的手筆。中央情報局則認爲該信是蘇聯透過東德，向美國透露想以鮑爾交換阿貝爾，而透過東德，是因爲蘇聯從沒承認阿貝爾蘇聯公民的身分。中情局希望唐納文代表美國前往東柏林去談判換俘，因爲蘇聯政府不承認阿貝爾的公民身分，而美國不承認東德是主權國家，雙方政府不願出面談判。所以，由唐納文這個平民出面，是雙方政府可以接受的。但一旦發生任何事故，政府也不會出手援助。

賽局理論的「囚徒困境」

賽局理論是最能說明「間諜橋」背後，美蘇決策當局如何鬥智並互動的理論模型。這是一種用來研究在競爭環境下，行爲者如何選擇適當策略的方法；這是由美國智庫蘭德公司（RAND Corporation）的約翰・馮・紐曼（John Von Neumann）、奧斯卡・摩根斯坦（Oskar Morgenstern）、約翰・納許（John Nash）等幾位數學家所發展出來，電影「美麗境界」（A Beautiful Mind）就是描述納許這位天才數學家的事蹟。而另一位學者艾伯特・塔克（Albert Tucker）則率先定義出最具代表性的「囚徒困境」（Prisoner's Dilemma）賽局。塔克設計出以下的情節，而這也成爲日後人們理解囚徒困境賽局的基本方式：

兩名共同犯下某項罪行的嫌犯，被檢察官分開羈押訊問。檢察官雖然知道他們犯罪，但若兩位囚犯都拒絕認罪，將因爲沒有充分的證據，而無法對其從重量刑。因此，檢察官分別告訴這兩人：如果他們其中一個人願意承認犯行，並供出對另一人不利的證據，則認罪者將獲得無罪釋放，而拒絕認罪者將被判刑十年。若兩個人都招供，則兩人都可獲得較短的五年刑期。若雙方都拒絕招供，檢察官最後會因爲沒有直接證據，而只能將兩人輕判一年。

對囚犯A來說，其最好的結果是不招供，因爲如果B也拒絕招供的話，則兩人都只獲得一年的刑期（圖中右上角）；但如果囚犯A不招供而B招供的話，則囚犯A會獲得最重的十年刑期（右下角）。因此，雙方在不確知對方是否會背叛自己的情況下，最終會選擇向警方招供，都獲得五年的刑期（左下角）。這個故事說明的是個別的行爲者，因爲在資訊不完全與自利的評估之下，可能會選擇招供，失去了原本獲得最佳結果（輕判一年）的機會。

		囚犯A 招供	囚犯A 不招供
囚犯B	不招供	A：無罪釋放 B：十年	A：一年 B：一年
	招供	A：五年 B：五年	A：十年 B：無罪釋放

賽局理論後來被廣泛應用在數學、經濟學與政治學。囚徒困境是政治學中最常見的賽局，特別是冷戰時期美蘇之間互不信任的情況：當時雙方對峙嚴重，連在柏林的美國外交官

也無法進入東德。

此時，東德宣稱他們捉到了一個在東柏林從事間諜活動的美國留學生普萊爾。這個意外插曲，讓唐納文的換俘談判增添變數。美國外交官警告唐納文，或許東德會要求以普萊爾來換阿貝爾，但美國政府只希望能將飛行員鮑爾換回來，不願再節外生枝。

民間律師的非政治性思考，突破僵局

唐納文隻身前往東柏林，前往蘇聯大使館會見一位自稱是阿貝爾的代表沃爾夫岡・沃格（Wolfgang Vogel）律師，而沃格同時也是被捉的美國留學生普萊爾的代表。但唐納文在大使館並未見到沃格律師，反而是一位自稱是大使館二等祕書希斯肯（Ivan Schischkin）的人出來接待，他宣稱沃格不適合參與談判，因爲他是德國公民。而唐納文向他表明他有充分的授權來進行換俘談判，他要求以阿貝爾來換飛行員鮑爾與大學生普萊爾。但希斯肯表示蘇聯沒有捉普萊爾，是東德逮捕普萊爾。

希斯肯向唐納文提出選擇，他要求美國先釋放阿貝爾，過幾個月後，他們再釋放鮑爾。因為他們視鮑爾在蘇聯國土地拍攝照片是戰爭行為，所以釋放鮑爾是蘇聯對美國的善意，不能視為交換。但唐納文斬釘截鐵表示交換就是交換，不能打折扣，阿貝爾與鮑爾一定要同時交換。

接下來兩人的對話，可以說是完全呈現「囚徒困境賽局」中談判雙方彼此猜忌的情況。

希斯肯：「他們（蘇聯當局）一定會想，美國人一定拿到阿貝爾給的情報了。所以他們急著用他交換鮑爾，或許鮑爾還沒說出全部情報……」

唐納文：「你的意思是，如果鮑爾全部吐實，那莫斯科就會交換？……至於阿貝爾，如果他死在美國牢裡，下一個被捉到的蘇聯間諜，也許會想清楚，嘴巴要緊一點。但你可能會想不到，阿貝爾或許想出獄，決定用蘇聯機密跟美國合作……」

希斯肯（一時語塞）：「我們怎會知道呢？」

唐納文：「我們得擺脫這種互不信任的惡性循環，兩國政府若做出錯誤決定，將釀成大禍！我們要進行政府間不能進行的對話。」

希斯肯同意將美方也有意換俘的訊息傳回莫斯科，唐納文動身去見沃格律師。沃格首先向唐納文致歉，表示因爲蘇聯政府不同意他參與這次的談判。他自稱是東德檢察總長的學生，他開門見山的提出希望以普萊爾交換阿貝爾。因爲東德希望幫蘇聯將阿貝爾換回來，來換取蘇聯的尊重，在強權主導的世界占有一席之地。

最後，唐納文與希斯肯達成協議，在週六凌晨五點半於格林尼克橋（Glienicke Bridge）進行換俘。之後，他再度前去沃格辦公室與他交涉，希望同時將普萊頓換回來。但是，沃格得知唐納文在之前已與蘇聯達成協議，他拒絕了唐納文提議，因爲他認爲唐納文一物兩賣。但唐納文不死心，發揮他那如簧之巧舌，他對沃格表示

美蘇雙方最後同意在東西德交界處的格林尼克橋上進行換俘
來源：IMDB電影網站http://www.imdb.com/title/tt3682448/mediaviewer/rm3247845888

這個交易對東德並沒有壞處，交換普萊頓這個對東德無害的大學生，讓東德可同時與美蘇兩國平起平坐，東德怎麼會覺得被藐視？大家只是各取其利而已。

唐納文回到西柏林將他與兩邊談判的結果帶給中情局的霍夫曼，霍夫曼只願意換回鮑爾，對於東德拒絕交換普萊頓的事，反而覺得高興。但唐納文認爲每個人都重要，堅持鮑爾與普萊爾一定要同時換回來。當唐納文覺得中情局的反應冷酷得不近人情時，霍夫曼卻在無意中提到他們接到東德檢察總長辦公室的來電，希望唐納文前去一趟。唐納文大爲驚喜，馬上動身前往，霍夫曼意識到失言，不准唐納文再去東德，他怕這樣會搞砸與蘇聯的換俘協議。但是唐納文不爲所動。

東德檢察總長還是堅持只能以普萊爾換阿貝爾，他認爲鮑爾應該全部招供了，美國何必大費周章換回一個沒有價值的戰俘，而普萊爾是一個前途似錦的無辜大學生，要換也應該是普萊爾比較有價值。但是唐納文還是向他表示，希望一次換兩個。檢察總長聽了拍桌怒罵，但在接到一通電話後，他向唐納文表示有事要先處理。唐納文在辦公室外，等了一個多小時之後，總長的祕書跑來告訴唐納文，總長已經離開了。唐納文覺得自己像白痴被耍了，但他覺得必須把立場表達清楚，他轉而向總長的年輕祕書，要求他轉達訊息，而且必須很精確的向總長轉達這個訊息：

「除非我們得到鮑爾與普萊爾，否則就不交換阿貝爾……你的上司必須告訴蘇聯政府，他們得不到阿貝爾。另外，阿貝爾一直是個好軍人，他以為他要回家了，如果我們告訴他，蘇聯政府不要他了，他永遠回不了家了，我想他也許會改變他的行為，到時誰要負責呢？而且，如果在今天下班前，沒有得到你們的電話回覆，就都沒得談了。」

唐納文真的是一個很會洞察人心的大律師，他在這幾句話裡就把他的立場與底線表達得一清二楚，讓對方知道他是絕不會動搖的。同時，也把交易失敗的責任全部推給東德，恐嚇東德屆時要負最大責任。

中情局知道唐納文的交易後，簡直是氣炸了。他們大聲指責唐納文搞砸了一切，但是唐納文卻自我感覺很好，他認為談判很順利，一切會沒事。他還很高興地打電話回家，跟太太說他很快就會回家了。但是，中情局的心情卻大相逕庭，他們覺得這個交易應該告吹了，他們守在飯店房間，盯著電話悶不吭聲。霍夫曼緊張地不斷拭汗，在沉悶凝重的氣氛中，一道銳利的電話鈴聲突然劃破這一片空寂，霍夫曼一個箭步向前，急急接起電話，他面無表情地聆聽，將眼神轉向唐納文之後，將電話掛斷。他環顧臉色緊張的大家，表情突然輕鬆了起來，輕輕吐出：「我們談定了，一個換兩個。」

峰迴路轉、換俘成功

隔日清晨，唐納文偕同霍夫曼帶著阿貝爾前往格林尼克橋，蘇聯方面果眞帶著鮑爾前來。雙方確定身分準備換俘，唐納文卻堅持一定要等到東德也釋放普萊爾才會讓阿貝爾離開。隨著時間一分一秒的過去，美方和蘇方都變得極不耐煩，並威脅唐納文如果不立刻進行換俘，整筆交易就會取消。最後一通從查理檢查哨（Checkpoint Charlie）打來的電話，確定普萊爾已經被釋放，唐納文才同意讓阿貝爾離開。這位律師竟然靠著三寸不爛之舌，用一個蘇聯間諜換回兩個美國俘虜！

位於東西柏林交界的查理檢查哨過去是冷戰的地標，現在則是熱門的觀光景點

來源：作者攝影（柏林，2013）

電影的結果正符合了「囚徒困境」的預測：如果雙方建立互信，就可以得到對彼此最有利的結果。唐納文分別和蘇聯、東德都達成協議，因此談判從原本的破局（雙方都背叛對方）轉移到成功換俘（雙方都同意合作）。除了換俘，「囚徒困境賽局」其實也非常適用於研究政治上敵對的雙方，是否能進行合作。例如，冷戰時期美蘇兩國之間的核武安全困境，因爲對雙方最有利的策略，應該是信任對方並減少核武器的部署，也就是雙方共同合作裁減核武。但是如果只有單方面放棄發展核武，則另一方就具有核武優勢，因此，最保險的策略是繼續發展核武，最後演變成核武的恐怖平衡。

參考書目

Kenneth Minogue著，龔人譯，《政治學》，香港：牛津大學，二〇一六。

巴柏・伍德華（Bob Woodward）、卡爾・伯恩斯坦（Carl Berstein）著，楊芩雯譯，《總統的人馬：二名記者、七百天追蹤水門案調查報導經典原著》，台北：麥田，二〇一六。

半藤一利著，林錚顗譯，《昭和史》第一部：一九二六—一九四五（上、下），台北：玉山社，二〇一七。

半藤一利著，林錚顗譯，《昭和史》第二部：一九四五—一九八九（上、下），台北：玉山社，二〇一七。

史景遷（Jonathan Spence）著，溫洽溢譯，《追尋現代中國：從共產主義到市場經濟》，台北：時報文化，二〇〇一。

朱立熙，《國家暴力與過去清算》，台北：允晨文化，二〇〇七。

伯納・英哈斯利（Bernard Imhasly）著，闞旭玲譯，《告別甘地：現代印度的故事》，台北：高寶出版，二〇〇八。

余華，《活著》，台北：麥田，二〇〇七。
東尼・賈德（Tony Judt）著，黃中憲譯，《戰後歐洲六十年》（全四卷），台北：左岸文化，二〇一三。
哈波・李（Harper Lee）著，顏湘如譯，《梅岡城故事》，台北：麥田，二〇一六。
吳濁流著，《亞細亞的孤兒》，台北：草根，一九九五。
威廉・龐士東（William Poundstone）著，葉家興譯，《囚犯的兩難：賽局理論與數學天才馮紐曼的故事》，台北：左岸文化，二〇一一。
班納迪克・安德森（Benedict Anderson）著，吳叡人譯，《想像的共同體：民族主義的起源與散布》，台北：時報文化，二〇一〇。
安德魯・海伍德（Andrew Heywood）著，陳牧民審閱，李賜賢、陳宛郁、劉泰廷合譯，《全球政治》，台北：五南圖書，二〇一三。
陳牧民、陳宛郁著，《圖解國際關係》（五版），台北：五南圖書，二〇一八。
陳牧民著，《解讀印度：不確定的崛起強權》，台北：五南圖書，二〇一六。
納爾遜・曼德拉（Nelson Mandela）著，王旭譯，《曼德拉：與自己對話》，台北：五南圖書，二〇一五。
漢娜・鄂蘭（Hannah Arendt）著，林驤華譯，《極權主義的起源》，台北：左岸文化，二〇〇九。

漢娜・鄂蘭（Hannah Arendt）著，施奕如譯，《平凡的邪惡：艾希曼耶路撒冷大審紀實》，台北：玉山社，二〇一三。

孫采薇、吳玉山主編，《優勢政黨與民主：亞洲經驗的省思》，台北：巨流，二〇一七。

穆罕達斯・卡朗昌德・甘地（Mohandas Karamchand Gandhi）著，王敏雯譯，《我對眞理的實驗：甘地自傳》，台北：遠流，二〇一四。

賽巴斯提安・哈夫納（Sebastian Haffner）著，周全譯，《從俾斯麥到希特勒：回顧德意志國》（新版），台北：左岸文化，二〇一七。

博雅文庫 202

電影與政治

作　　者　陳牧民　陳鳳瑜
發 行 人　楊榮川
總 經 理　楊士清
副總編輯　劉靜芬
責任編輯　蔡琇雀　許珍珍　黃曉玟
封面設計　姚孝慈
出 版 者　五南圖書出版股份有限公司
地　　址　106台北市大安區和平東路二段339號4樓
電　　話　(02)2705-5066
傳　　眞　(02)2706-6100
劃撥帳號　01068953
戶　　名　五南圖書出版股份有限公司
網　　址　http://www.wunan.com.tw
電子郵件　wunan@wunan.com.tw
法律顧問　林勝安律師事務所 林勝安律師
出版日期　2018年 11 月初版一刷
定　　價　新臺幣380元

國家圖書館出版品預行編目資料

電影與政治／陳牧民, 陳鳳瑜著. -- 初版. -- 臺北市:
五南, 2018.11
面 ;　公分. --（博雅文庫 ; 202）
ISBN 978-957-11-9846-0(平裝)

1.國際政治　2.電影片

578　　107012525